DR. OETKER

MUFFINS

süß, herzhaft und pikant

DR. OETKER

MUFFINS

süß, herzhaft und pikant

CERES

Vorwort

Muffins, die kleinen Küchlein aus den Muffinsblechen, haben Einzug in unseren Alltag gehalten. Meist aus einfachen All-in-Teigen schnell zusammengerührt, sind sie schnell im Backofen und fast ebensoschnell aufgegessen.
Aber nicht nur die schon fast klassischen Muffins finden Sie hier, sondern auch die ebenso schmackhaften kleinen Törtchen, die man genauso gut in den Muffinsblechen backen kann, sowie Minimuffins und die herzhaften Verwandten.
Die herzhaften Muffins kann man als Snack, zum Wein oder als kleine Vorspeise servieren. Und es gibt auch Vertreter, die sich als Beilage zum Beispiel zum Wildbraten eignen.
Und sollten Sie das Muffinsblech einmal im Schrank lassen wollen, zeigen wir Ihnen, wie Sie aus vielen der Teige auch Waffeln backen können.

Abkürzungen

EL = Esslöffel
TL = Teelöffel
Msp. = Messerspitze
Pck. = Packung / Päckchen
g = Gramm
kg = Kilogramm
ml = Milliliter
l = Liter
evtl. = eventuell
geh. = gehäuft
gestr. = gestrichen
TK = Tiefkühlprodukt
°C = Grad Celsius
Ø = Durchmesser
E = Eiweiß
F = Fett
Kh = Kohlenhydrate
kcal = Kilokalorien
kJ = Kilojoule

Hinweise zu den Rezepten

Lesen Sie bitte vor der Zubereitung – besser noch vor dem Einkaufen – das Rezept einmal vollständig durch. Oft werden Arbeitsabläufe oder -zusammenhänge dann klarer.

Zubereitungszeiten

Die Zubereitungszeit beinhaltet sowohl Vorbereitungszeit als auch eigentliche Zubereitungszeit.
Wenn die Zeiten zum Marinieren, Quellen, Kühlen usw. ausgesprochen lang sind, z. B. über Nacht, sind diese nicht mit einbezogen.

Kapitelübersicht

Kapitelübersicht

Coca-Cola Muffins*

(12 Stück)

* Rezept nicht durch Coca-Cola autorisiert

Zutaten

Für den Teig:
225 g Weizenmehl
1 ½ gestr. TL Backpulver
½ gestr. TL Natron
300 g Zucker
150 g Butter oder Margarine
3 EL Kakao
125 ml (⅛ l) Coca-Cola
100 ml Buttermilch
3 Eier (Größe M)
½ Fl. Butter-Vanille-Aroma

Für den Guss:
25 g Butter
1 ½ EL Kakao
50 ml Coca-Cola
200 g gesiebter Puderzucker
30 g Silberperlen

Zubereitungszeit:
20 Minuten

Insgesamt:
E: 70 g, F: 241 g, Kh: 715 g, kJ: 22703, kcal: 5421

FÜR KINDER – EINFACH

1 Für den Teig Mehl mit Backpulver und Natron mischen, in eine Rührschüssel sieben. Die übrigen Zutaten hinzufügen. Mit Handrührgerät mit Rührbesen in 2 Minuten zu einem glatten Teig verarbeiten.

2 Den Teig in 12 gefettete Muffinsförmchen füllen und auf dem Rost in den Backofen stellen.

Ober-/Unterhitze: etwa 180 °C (vorgeheizt)
Heißluft: etwa 160 °C (nicht vorgeheizt)
Gas: etwa Stufe 3 (vorgeheizt)
Backzeit: 25 Minuten.

3 Die Muffins 10 Minuten stehen lassen, dann aus den Förmchen lösen.

4 Für den Guss Butter, Kakao und Coca-Cola in einem kleinen Stieltopf zum Kochen bringen, kurz einkochen lassen.

5 Den Topf von der Kochstelle nehmen, Puderzucker unterrühren.

6 Den warmen Guss auf die noch warmen Muffins geben und mit Silberperlen bestreuen.

Tipp: *Sie können die Coca-Cola Muffins auch mit 100 g gehackten Pecanüssen bestreuen.*

Mokka-Muffins

(12 Stück)

Zutaten

Für den Teig:
- 225 g Weizenmehl
- 25 g Speisestärke
- 2 gestr. TL Backpulver
- 125 g brauner Zucker
- 2 Eier (Größe M)
- 1 EL Cappuccinopulver
- 5 EL Rum
- 125 ml (⅛ l) Mokkalikör
- 75 ml Speiseöl

Für den Guss:
- 125 g Puderzucker
- 2 EL Mokkalikör

Zubereitungszeit:
20 Minuten

Insgesamt:
E: 41 g, F: 91 g, Kh: 480 g, kJ: 14044, kcal: 3354

FÜR GÄSTE

1 Für den Teig Mehl, Speisestärke und Backpulver mischen, in eine Rührschüssel sieben. Die übrigen Zutaten hinzufügen. Mit Handrührgerät mit Knethaken oder Rührbesen zu einem glatten Teig verarbeiten.

2 Den Teig in 12 gefettete Muffinsförmchen verteilen, auf dem Rost in den Backofen stellen.

Ober-/Unterhitze: etwa 180 °C (vorgeheizt)
Heißluft: etwa 160 °C (nicht vorgeheizt)
Gas: Stufe 3–4 (vorgeheizt)
Backzeit: etwa 25 Minuten.

3 Die Muffins 10 Minuten stehen lassen, dann aus den Förmchen lösen, erkalten lassen.

4 Für den Guss Puderzucker sieben, mit dem Mokkalikör zu einer glatten Masse verrühren, die Muffins damit besprenkeln.

Tipp: *Muffins in etwa 40 kleinen Papierpralinéförmchen (dreifach ineinandergesteckt) etwa 15 Minuten bei 180 °C backen oder die Muffins sofort nach dem Backen mit starkem Kaffee tränken.*

Corn-Muffins

(12 Stück)

Zutaten

- 50 g Kürbiskerne
- 150 g Maismehl
- 100 g Weizenmehl
- 2 gestr. TL Backpulver
- 300 g Joghurt
- 2 Eier (Größe M)
- 5 EL Speiseöl
- 50 g Honig
- ½ gestr. TL Salz

1 Kürbiskerne grob hacken.

2 Für den Teig Maismehl, Weizenmehl und Backpulver mischen, in eine Rührschüssel sieben. Joghurt, Eier, Öl, Honig, Salz und Kürbiskerne hinzufügen, mit Handrührgerät mit Knethaken zu einem glatten Teig verarbeiten.

3 12 Muffinsförmchen fetten, den Teig hineinfüllen und die Förmchen auf dem Rost in den Backofen stellen.

Ober-/Unterhitze: etwa 180 °C (vorgeheizt)
Heißluft: etwa 160 °C (nicht vorgeheizt)
Gas: Stufe 3–4 (vorgeheizt)
Backzeit: 25–30 Minuten.

4 Die Corn-Muffins etwas abkühlen lassen, dann erst aus den Förmchen nehmen. Am besten noch warm mit Butter oder Kräuterquark servieren.

Zubereitungszeit:
15 Minuten

Insgesamt:
E: 63 g, F: 113 g, Kh: 236 g, kJ: 9695, kcal: 2317

KLASSISCH

Englische Muffins

(Einfache Muffins – 12 Stück)

1 Mehl und Backpulver mischen, in eine Rührschüssel sieben. Salz und Zucker hinzufügen und gut vermischen. Das Ei zusammen mit der Butter zur Mehlmischung geben. Die Milch zugießen und alles mit Handrührgerät mit Knethaken zu einem glatten Teig verarbeiten.

2 Den Teig in 12 gefettete Muffinsförmchen füllen. Form auf dem Rost in den Backofen stellen.

Ober-/Unterhitze: etwa 180 °C (vorgeheizt)
Heißluft: etwa 160 °C (nicht vorgeheizt)
Gas: Stufe 3–4 (vorgeheizt)
Backzeit: 20–25 Minuten.

3 Die Muffins 10 Minuten stehen lassen, aus der Förmchen lösen, lauwarm servieren.

Tipp: *Unter die Muffins zusätzlich Rosinen, Korinthen oder gehackte Mandeln rühren. Oder die Muffins mit Butter oder Sirup servieren.*

Zutaten

250 g Weizenmehl
3 TL Backpulver
1 TL Salz
2 EL Zucker
1 Ei (Größe M)
75 g zerlassene, abgekühlte Butter
250 ml (¼ l) Milch

Zubereitungszeit:
15 Minuten

Insgesamt:
E: 43 g, F: 80 g, Kh: 227 g, kJ: 7850, kcal: 1875

SCHNELL

Englische Muffins mit Sonnenblumenkernen

(6 Stück)

Zutaten

Für den Teig:
100 g gemahlene Sonnenblumenkerne
200 g gesiebtes Weizenmehl
1 Pck. Trockenhefe
1 TL Zucker
½ TL Salz
4 EL Speiseöl
gut 150 ml lauwarmes Wasser

1 Eigelb (Größe M)
2 EL Sonnenblumenkerne

Für die Crème-fraîche-Füllung:
1 Becher (150 g) Crème fraîche
1 Bund feingeschnittener Dill
Salz, Pfeffer
3–4 Scheiben Räucherlachs

Für die Quarkfüllung:
150 g Sahnequark
3 EL Milch
2 EL Zucker
150 g Erdbeeren
80 g Sonnenblumenkerne

Zubereitungszeit:
60 Minuten

Insgesamt:
E: 125 g, F: 245 g, Kh: 221 g, kJ: 15586, kcal: 3723

DAUERT ETWAS LÄNGER

1 Für den Teig Sonnenblumenkerne und Mehl in eine Rührschüssel geben, mit Trockenhefe sorgfältig mischen. Zucker, Salz, Öl und Wasser hinzufügen. Mit Handrührgerät mit Knethaken zunächst kurz auf niedrigster, dann auf höchster Stufe in 5 Minuten zu einem Teig verarbeiten und an einem warmen Ort gehen lassen, bis er sich sichtbar vergrößert hat.

2 Den gegangenen Teig leicht mit Mehl bestäuben, aus der Schüssel nehmen, auf der Arbeitsfläche kurz durchkneten. Den Teig 2 cm dick ausrollen und mit einem Glas 6 Platten (Ø etwa 8 cm) ausstechen.

3 Die Platten auf ein mit Backpapier belegtes Backblech legen, mit verquirltem Eigelb bestreichen und mit Sonnenblumenkernen bestreuen. Teig nochmals an einem warmen Ort gehen lassen, bis er sich sichtbar vergrößert hat.

Ober-/Unterhitze: etwa 200 °C (vorgeheizt)
Heißluft: etwa 180 °C (vorgeheizt)
Gas: etwa Stufe 3 (vorgeheizt)
Backzeit: etwa 15 Minuten (nach 6–7 Minuten wenden).

4 Muffins abkühlen lassen. Für die Crème-fraîche-Füllung Crème fraîche mit Dill verrühren, mit Salz und Pfeffer abschmecken.

5 Für die Quarkfüllung Sahnequark mit Milch, Zucker und geputzten, gewaschenen, kleingeschnittenen Erdbeeren vermengen. 3–4 Erdbeeren als Garnitur übrig lassen.

6 Sonnenblumenkerne auf dem Backblech im Backofen goldgelb rösten. Muffins quer halbieren (aufbrechen). Jede Hälfte mit Dillcreme bestreichen und mit Räucherlachsscheiben belegen oder mit Erdbeercreme füllen und mit halbierten Erdbeeren garnieren. Die Muffins mit gerösteten Sonnenblumenkernen garnieren.

Muffins mit Hefe

(12 Stück)

Zutaten

500 g Weizenmehl
1 Pck. Trockenhefe
50 g Zucker
1 Prise Salz
250 ml (¼ l) lauwarme Schlagsahne
2 Eier (Größe M)
1 Eiweiß (Größe M)

Zum Bestreichen:
1 Eigelb (Größe M)
1 EL Milch

Zubereitungszeit:
50 Minuten

Insgesamt:
E: 85 g, F: 102 g, Kh: 426 g, kJ: 13006, kcal: 3109

KLASSISCH

1 Für den Teig Mehl in eine Rührschüssel sieben und mit der Hefe sorgfältig vermischen. Zucker, Salz, Sahne, Eier und Eiweiß hinzufügen. Die Zutaten mit Handrührgerät mit Knethaken zunächst auf niedrigster, dann auf höchster Stufe in etwa 5 Minuten zu einem glatten Teig verarbeiten und an einem warmen Ort so lange gehen lassen, bis er sich sichtbar vergrößert hat.

2 Den Teig mit Mehl bestäuben, aus der Schüssel nehmen, auf der Arbeitsfläche nochmals kurz durchkneten, dabei zu einer Rolle formen. Diese in 12 Stücke teilen, zu Kugeln formen (Ø etwa 4 cm). Die Muffinsform fetten und die Teigkugeln hineinsetzen.

3 Zum Bestreichen Eigelb mit Milch verschlagen, den Teig damit bestreichen, nochmals an einem warmen Ort gehen lassen, bis er sich sichtbar vergrößert hat, und auf dem Rost in den Backofen schieben.

Ober-/Unterhitze: etwa 180 °C (vorgeheizt)
Heißluft: etwa 160 °C (nicht vorgeheizt)
Gas: Stufe 3–4 (vorgeheizt)
Backzeit: etwa 25 Minuten.

4 Muffins aus der Form nehmen. Nach Belieben mit Puderzucker bestäuben, noch warm servieren oder Butter und Konfitüre dazu reichen.

Tipp: *Wenn Sie kein Muffinsblech besitzen, können Sie auch Auflaufförmchen (ø 7,5 cm) verwenden oder aus Alufolie handtellergroße runde Formen herstellen, indem Sie Alufolie über ein umgedrehtes Glas stülpen. Die Muffins lassen sich auch gut einfrieren. Zum Servieren etwa 1 Stunde antauen lassen, dann 10 Minuten bei 180 °C aufbacken.*

Möhren-Walnuss-Muffins

(12 Stück)

Zutaten

Für den Teig:
300 g Weizenmehl
5 gestr. TL Backpulver
150 g Farinzucker
1 gestr. TL gemahlener Ingwer
2 Eier (Größe M)
100 ml Speiseöl
100 g saure Sahne
150 g fein geriebene Möhren
100 g gemahlene Walnusskerne
1 EL Zitronensaft

Für den Guss:
125 g gesiebter Puderzucker
1 EL Zitronensaft
2 TL Wasser
12–14 Walnusshälften

Zubereitungszeit:
35 Minuten

Insgesamt:
E: 73 g, F: 155 g, Kh: 524 g, kJ: 16344, kcal: 3904

KLASSISCH

1 Mehl und Backpulver mischen, in eine Rührschüssel sieben. Die übrigen Zutaten hinzufügen und mit Handrührgerät mit Knethaken zu einem glatten Teig verarbeiten.

2 Den Teig in 12 gefettete, gemehlte Muffinsförmchen geben, auf dem Rost in den Backofen stellen.

Ober-/Unterhitze: etwa 180 °C (vorgeheizt)
Heißluft: etwa 160 °C (nicht vorgeheizt)
Gas: etwa Stufe 3 (vorgeheizt)
Backzeit: etwa 25 Minuten.

3 Die Muffins 10 Minuten stehen lassen, aus den Förmchen lösen und auskühlen lassen.

4 Für den Guss Puderzucker mit Zitronensaft und Wasser verrühren, auf den Muffins verteilen und mit Walnusshälften garnieren. Schmecken am nächsten Tag noch gut.

Tipps: *Wer die Muffins ganz frisch servieren möchte, kann den Teig in doppelt oder dreifach ineinandergesteckte Papierbackförmchen füllen und einfrieren. Die Förmchen können dann einzeln entnommen und gebacken werden. Oder die gebackenen Muffins einfrieren, auftauen lassen und bei 180 °C aufbacken. Statt der Walnüsse können auch gemahlene Haselnusskerne verwendet werden.*

Weizenkleie-Küchlein mit Walnüssen und Rosinen

(12 Stück)

Zutaten

125 g dunkles Weizenmehl (Type 1050)
2 gestr. TL Backpulver
1 Msp. Natron
75 g Weizenkleie
50 g Weizenkeime
½ TL Zimt
1 Prise Salz
75 g Rosinen
75 g gehackte Walnusskerne
1 Ei (Größe M)
75 g Ahorn- oder Zuckersirup
1 Becher (150 g) fettarmer Joghurt
150 ml Milch
50 ml Walnussöl

36 Papierbackförmchen

Zubereitungszeit:
25 Minuten

Insgesamt:
E: 68 g, F: 121 g, Kh: 259 g, kJ: 10491, kcal: 2506

RAFFINIERT

1 Mehl, Backpulver und Natron mischen, in eine Rührschüssel sieben. Weizenkleie und -keime, Zimt, Salz, Rosinen und Walnusskerne hinzufügen, vermengen. Ei, Sirup, Joghurt, Milch und Öl zu der Trockenmischung geben. Mit Handrührgerät mit Knethaken zu einem Teig verarbeiten.

2 Jeweils 1 gehäuften Esslöffel Teig in dreifach ineinandergesteckte Papierbackförmchen geben und auf dem Backblech in den Backofen schieben.

Ober-/Unterhitze: etwa 180 °C (vorgeheizt)
Heißluft: etwa 160 °C (nicht vorgeheizt)
Gas: Stufe 3–4 (vorgeheizt)
Backzeit: 25–30 Minuten.

3 Die Küchlein warm servieren.

Tipp: *Statt der Papierbackförmchen gefettete Muffinsförmchen verwenden. Nach dem Backen 10 Minuten stehen lassen, dann herausnehmen oder die Muffins vom Vortag nochmals kurz im Backofen erwärmen.*
Wer kein Natron zur Verfügung hat, kann statt dessen die gleiche Menge Backpulver verwenden. Statt der Weizenkleie und Weizenkeime können auch nur Weizenkleie oder nur Weizenkeime verwendet werden.

Veränderung: *Statt der Rosinen und Walnusskerne getrocknete Pflaumen verwenden.*

Walnuss-Feigen-Muffins

(12 Stück)

Zutaten

Für den Teig:
100 g getrocknete Feigen
100 g Walnusskerne
150 g Weizenmehl
3 gestr. TL Backpulver
1 Msp. Natron
100 g Instant-Haferflocken, z.B. von Kölln
½ TL gemahlener Zimt
je 1 Msp. gemahlene Nelken und gemahlener Kardamom
2 Eier (Größe M)
250 ml (¼ l) Buttermilch
75 ml Speiseöl

Für den Belag:
200 g Zartbitterkuvertüre
40 g Kokosfett

Zubereitungszeit:
35 Minuten

Insgesamt:
E: 88 g, F: 267 g, Kh: 353 g, kJ: 18231, kcal: 4355

RAFFINIERT

1 Feigen in feine Würfel schneiden. Von den Walnusskernhälften 12 schöne Hälften beiseite legen, den Rest fein hacken.

2 Weizenmehl mit Backpulver mischen, in eine Rührschüssel sieben. Natron, Haferflocken, Zimt, Nelken und Kardamom hinzufügen.

3 Eier, Buttermilch und Öl dazugeben und mit Handrührgerät mit Knethaken zu einer einheitlichen Masse verarbeiten. Feigenwürfel und die gehackten Walnüsse unterheben.

4 Den Teig in 12 gefettete Muffinsförmchen geben und auf den Rost in den Backofen stellen.

Ober-/Unterhitze: etwa 180 °C (vorgeheizt)
Heißluft: etwa 160 °C (nicht vorgeheizt)
Gas: Stufe 3–4 (vorgeheizt)
Backzeit: etwa 25 Minuten.

5 Die Muffins 10 Minuten stehen lassen, dann aus den Förmchen lösen und auskühlen lassen.

6 Für den Belag die Kuvertüre in Stücke schneiden, mit dem Kokosfett in einem kleinen Topf im Wasserbad bei schwacher Hitze geschmeidig rühren. Die Muffinsoberfläche damit bestreichen, mit den zurückgelassenen Walnusshälften belegen.

Tipp: *Wer keine Feigen mag, kann diese auch durch getrocknete, gewürfelte Aprikosen oder getrocknete Pflaumen ersetzen.*

Veränderung: *Für den Belag statt Zartbitterkuvertüre und Kokosfett gesiebten Puderzucker und Zimt vermischen und mit etwas Wasser glattrühren. Die Muffins damit bestreichen.*

Studentenfutter-Muffins

(12 Stück)

Zutaten

1 Pck. (150 g) Studentenfutter
250 g Weizenmehl
3 gestr. TL Backpulver
1 Msp. Natron
125 g gesiebter Puderzucker
2 Eier (Größe M)
1 Becher (150 g) Naturjoghurt
75 ml Speiseöl
100 ml Milch

36 Papierbackförmchen

Zubereitungszeit:
25 Minuten

Insgesamt:
E: 65 g, F: 148 g, Kh: 375 g, kJ: 13459 , kcal: 3215

FÜR KINDER

1 Studentenfutter grob hacken. Mehl mit Backpulver und Natron mischen, in eine Rührschüssel sieben. Puderzucker, Eier, Joghurt, Öl und Milch hinzufügen.

2 Mit Handrührgerät mit Knethaken zu einem glatten Teig verarbeiten. Studentenfutter unterheben.

3 Jeweils 3 Papierbackförmchen ineinandersetzen, zu ⅔ mit Teig füllen, auf ein Backblech setzen oder in 12 gefettete Muffinsförmchen füllen, auf dem Rost in den Backofen stellen.

Ober-/Unterhitze: etwa 180 °C (vorgeheizt)
Heißluft: etwa 160 °C (nicht vorgeheizt)
Gas: Stufe 3–4 (vorgeheizt)
Backzeit: etwa 25 Minuten.

Tipp: *Erkaltetete Muffins mit Puderzuckerguss oder zerlassener Kuvertüre bestreichen, mit Studentenfutter bestreuen.*

Veränderung: *Statt des Studentenfutters können Rosinen, Korinthen, gehackte Mandeln, Pecannüsse oder Erdnüsse verwendet werden, die in Rum oder Apfelsaft eingeweicht wurden. Ohne Guss lassen sich die Muffins gut einfrieren und wieder aufbacken.*

Rosinen-Muffins

(12 Stück)

Zutaten

200 g Weizenmehl
2 TL Backpulver
½ TL Natron
1 Ei (Größe M)
100 g Farinzucker
100 ml Speiseöl
200 g Joghurt
200 g Rosinen

24 Papierbackförmchen

Zubereitungszeit:
20 Minuten

Insgesamt:
E: 41g, F: 117 g, Kh: 387 g, kJ: 12040, kcal: 2877

FÜR KINDER

1 Mehl, Backpulver und Natron mischen, in eine Rührschüssel sieben. Ei, Farinzucker, Öl und Joghurt hinzufügen, mit Handrührgerät mit Knethaken zu einem glatten Teig verarbeiten. Rosinen unterrühren.

2 2 Papierförmchen ineinandersetzen. Jeweils soviel Teig einfüllen, dass die Förmchen zu ⅔ gefüllt sind. Förmchen auf ein Backblech setzen und in den Backofen schieben, oder den Teig in 12 gefettete Muffinsförmchen füllen und auf dem Rost in den Backofen stellen.

Ober-/Unterhitze: etwa 180 °C (vorgeheizt)
Heißluft: etwa 160 °C (nicht vorgeheizt)
Gas: etwa Stufe 3 (vorgeheizt)
Backzeit: etwa 25 Minuten.

3 Muffins 10 Minuten stehen lassen, dann aus den Förmchen lösen. Muffins in den Papierbackförmchen lassen und auf einem Kuchengitter abkühlen lassen.

Tipps: *Statt der Rosinen können 100 g abgezogene, gehackte Mandeln verwendet werden. Muffins lassen sich gut einfrieren. Die Muffins mit Kuvertüre bestreichen und mit Hagelzucker oder Farinzucker bestreuen.*

Veränderung: *Muffins lassen sich auch in Pralinenförmchen oder in kleinen Muffinsförmchen backen, dann ergeben sich etwa 36 Stück.*

Weihnachts-Muffins

(12 Stück)

Zutaten

Für den Teig:
200 g Gewürzspekulatius
100 g Weizenmehl
2 gestr. TL Backpulver
½ TL Natron
50 g Farinzucker
2 gestr. TL gemahlener Zimt
je 1 Msp. gemahlene Nelken und gemahlener Kardamom
75 ml Ahornsirup
100 ml Speiseöl
200 ml Schlagsahne
2 Eier (Größe M)
100 g gehackte Haselnusskerne

Für den Guss:
100 g Zartbitterschokolade
125 ml (⅛ l) Schlagsahne
50 g gehackte Haselnusskerne

Zubereitungszeit:
30 Minuten

E: 76 g, F: 379 g, Kh: 371 g, kJ: 22546, kcal: 5386

RAFFINIERT

1 Für den Teig Gewürzspekulatius in einen Gefrierbeutel geben, den Beutel verschließen, Spekulatius mit einer Teigrolle zerbröseln und in eine Rührschüssel geben.

2 Mehl, Backpulver und Natron mischen, sieben, mit dem Farinzucker zu den Bröseln geben. Die Gewürze untermischen. Ahornsirup, Öl, Sahne, Eier und Nüsse hinzufügen.

3 Die Zutaten mit Handrührgerät mit Knethaken zu einem glatten Teig verarbeiten und in 12 gefettete Muffinsförmchen füllen. Die Form auf dem Rost in den Backofen stellen.

Ober-/Unterhitze: etwa 180 °C (vorgeheizt)
Heißluft: etwa 160 °C (nicht vorgeheizt)
Gas: Stufe 3–4 (vorgeheizt)
Backzeit: etwa 25 Minuten.

4 Die Muffins 10 Minuten in den Förmchen stehen lassen, aus den Förmchen lösen und abkühlen lassen.

5 Für den Guss Schokolade in Stücke brechen, in einem kleinen Topf im Wasserbad bei schwacher Hitze zu einer geschmeidigen Masse verrühren, dann langsam die Sahne unter ständigem Rühren unterziehen. Die Schokoladensahne auf den Muffins verteilen, mit Nüssen bestreuen.

Tipps: *Weihnachts-Muffins lassen sich 1–2 Tage vorher zubereiten, und ohne Guss in einer Dose aufbewahren. Zum Verschenken die Muffins in Papierbackförmchen stellen und in Cellophantütchen packen. Die Weihnachtsmuffins können auch tiefgefroren werden. Vor dem Servieren etwas antauen und etwa 30 Minuten aufbacken.*

Veränderung: *Statt der Gewürzspekulatius können auch Butterkekse verwendet werden.*

Herren-Muffins

(Schokoladen-Whisky-Muffins – 12 Stück)

Zutaten

150 g Blockschokolade
100 g Butter oder Margarine
250 g Weizenmehl
2 gestr. TL Backpulver
½ gestr. TL Natron
150 g Zucker
1 Pck. Vanillin-Zucker
1 Prise Salz
2 Eier (Größe M)
100 ml starker Kaffee
4 EL Whisky
50 g Raspelschokolade

36 Papierbackförmchen

Zubereitungszeit:
35 Minuten

Insgesamt:
E: 57 g, F: 151 g, Kh: 460 g, kJ: 15294, kcal: 3654

RAFFINIERT

1 Blockschokolade in Stücke brechen, mit Butter oder Margarine in einem kleinen Topf im Wasserbad bei schwacher Hitze zu einer geschmeidigen Masse verrühren.

2 Mehl, Backpulver und Natron in eine Rührschüssel sieben, mit Zucker, Vanillin-Zucker und Salz mischen.

3 Eier, Kaffee, Whisky und die Schokolade-Fett-Mischung hinzufügen. Mit Handrührgerät mit Knethaken zu einem glatten Teig verarbeiten. Zuletzt die Raspelschokolade unterrühren.

4 Teig in dreifach ineinandergesteckte Papierbackförmchen oder in 12 gefettete Muffinsförmchen füllen. Auf Rost oder Backblech in den Backofen schieben.

Ober-/Unterhitze: etwa 180 °C (vorgeheizt)
Heißluft: etwa 160 °C (nicht vorgeheizt)
Gas: etwa Stufe 3 (vorgeheizt)
Backzeit: etwa 25 Minuten.

5 Die Muffins 10 Minuten in den Förmchen stehen lassen, dann aus den Förmchen lösen.

Tipp: *Angeschlagene Crème Double mit Whisky abgeschmeckt dazureichen. Nach Belieben die Muffins mit zerlassener Schokolade bestreichen. Statt Raspelschokolade in Whisky eingeweichte, getrocknete Pflaumen verwenden.*

Mandel-Sahne-Muffins

(12 Stück)

Zutaten

200 g Weizenmehl
1 Pck. Pudding-Pulver Mandel-Geschmack
2 gestr. TL Backpulver
100 g abgezogene, gemahlene Mandeln
100 g Zucker
1 Pck. Vanillin-Zucker
2 Eier (Größe M)
5 Tropfen Bittermandel-Aroma
5 EL Speiseöl
1 Becher (200 ml) Schlagsahne

Zubereitungszeit:
15 Minuten

Insgesamt:
E: 62 g, F: 191 g, Kh: 317 g, kJ: 14171, kcal: 3386

FÜR KINDER

1 Mehl, Pudding-Pulver und Backpulver mischen, in eine Rührschüssel sieben. Die übrigen Zutaten hinzufügen. Mit Handrührgerät mit Knethaken zu einem glatten Teig verarbeiten.

2 Den Teig in 12 gefettete Muffinsförmchen geben, auf dem Rost in den Backofen stellen.

Ober-/Unterhitze: etwa 180 °C (vorgeheizt)
Heißluft: etwa 160 °C (nicht vorgeheizt)
Gas: Stufe 3–4 (vorgeheizt)
Backzeit: etwa 25 Minuten.

3 Muffins 10 Minuten stehen lassen, dann aus den Förmchen lösen, erkalten lassen.

Tipp: *Muffins nach Belieben mit Schokoladenglasur bestreichen, mit gehackten Mandeln bestreuen oder mit aufgelöster, weißer Kuvertüre besprenkeln. Nach Belieben können auch die Mandeln vorher geröstet werden.*
Die Muffins halten sich in einer geschlossenen Dose 2–3 Tage frisch.

Veränderung: *Statt der Sahne kann 150 ml Milch verwendet werden, dann noch 50 ml Speiseöl oder 50 g zerlassene Butter hinzufügen.*

Schoko-Ananas-Muffins

(12 Stück)

1 Ananas auf einem Sieb gut abtropfen lassen, mit Küchenpapier trockentupfen, in kleine Würfel schneiden.

2 Für den Teig Mehl mit Backpulver und Natron mischen, in eine Rührschüssel sieben. Zucker, Eier, Buttermilch und Öl hinzufügen. Mit Handrührgerät mit Knethaken zu einem glatten Teig verarbeiten. Raspelschokolade und Ananaswürfel unterrühren.

3 Den Teig in 12 gefettete Muffinsförmchen verteilen, auf dem Rost in den Backofen stellen.

Ober-/Unterhitze: etwa 180 °C (vorgeheizt)
Heißluft: etwa 160 °C (nicht vorgeheizt)
Gas: Stufe 3–4 (vorgeheizt)
Backzeit: 25–30 Minuten.

4 Die Muffins 10 Minuten stehen lassen, aus den Förmchen lösen, erkalten lassen.

5 Für den Guss Schokolade in Stücke brechen, mit dem Öl in einem kleinen Topf im Wasserbad bei schwacher Hitze geschmeidig rühren. Die Muffins damit bestreichen, mit der Raspelschokolade bestreuen.

Veränderung: *Die Ananaswürfel können durch in kleine Würfel geschnittene Äpfel oder auch durch Birnenwürfel ersetzt werden.*

Zutaten

Für den Teig:
125 g Ananas (aus der Dose)
230 g Weizenmehl
2 TL Backpulver
½ TL Natron
125 g brauner Zucker
2 Eier (Größe M)
200 ml Buttermilch
50 ml Speiseöl
75 g Raspelschokolade

Für den Guss:
100 g Schokolade
1 EL Speiseöl

25 g Raspelschokolade

Zubereitungszeit:
35 Minuten

Insgesamt:
E: 60 g, F: 125 g, Kh: 441 g,
kJ: 13570, kcal: 3241

KLASSISCH

Nuss-Marzipan-Törtchen

(12 –14 Stück)

Zutaten

Für den Teig:
100 g Margarine oder Butter
100 g Marzipan-Rohmasse
75 g Zucker
1 Pck. Bourbon-Vanillezucker
½ Fl. Rum-Aroma
4 Eier (Größe M)
100 g gemahlene Haselnusskerne
50 g gehackte Haselnusskerne
100 g Weizenmehl
1 TL Backpulver

etwa 40 Papierbackförmchen

Zum Verzieren:
100 g Marzipan-Rohmasse
150 g Puderzucker
Lebensmittelfarbe
½ TL gemahlener Zimt
1 TL Wasser

Zubereitungszeit:
35 Minuten

Insgesamt:
E: 88 g, F: 273 g, Kh: 406 g, kJ: 19181, kcal: 4581

FÜR GÄSTE

1 Für den Teig Fett mit Marzipan-Rohmasse in einer Rührschüssel mit Handrührgerät mit Rührbesen geschmeidig rühren. Zucker und Vanillin-Zucker nach und nach unterrühren, bis eine gebundene Masse entstanden ist. Rum-Aroma unterrühren.

2 Eier nach und nach unterrühren. Haselnüsse, Mehl und Backpulver mischen und unterrühren. Den Teig in dreifach ineinander gestellte Papierbackförmchen füllen und auf einem Backblech in den Backofen schieben.

Ober-/Unterhitze: etwa 180 °C (vorgeheizt)
Heißluft: etwa 160 °C (nicht vorgeheizt)
Gas: Stufe 3–4 (vorgeheizt)
Backzeit: etwa 25 Minuten.

3 Zum Verzieren Marzipan mit 50 g Puderzucker verkneten, die Masse dritteln und mit Lebensmittelfarbe unterschiedlich einfärben.

4 Den restlichen Puderzucker mit Zimt und Wasser zu einem Guss verrühren und die Törtchen damit bestreichen, mit den Marzipanmotiven belegen. Nebeneinander legen und auf der mit Puderzucker bestäubten Arbeitsfläche etwa 3 mm dick ausrollen. Mit einem Teigrädchen Streifen ausschneiden. Die Muffins damit garnieren.

Weihnachtliche Kakao-Rosinen-Küchlein

(6 Stück)

Zutaten

100 g Rosinen
125 ml (⅛ l) Buttermilch

100 g Butter oder Margarine
200 g Honig
3 Eier (Größe M)
250 g Weizenvollkornmehl
2 gestr. TL Backpulver
15 g Kakaopulver
1 Apfel
2 gestr. TL gemahlener Zimt
je 1 Msp. gemahlene Nelken, gemahlener Piment, gemahlener Kardamom

etwas angeschlagene Sahne
etwas Puderzucker
Schokoladenraspel

Zubereitungszeit:
20 Minuten, ohne Einweichzeit

Insgesamt:
E: 64 g, F: 115 g, Kh: 430 g, kJ: 12974, kcal: 3101

RAFFINIERT

1 Rosinen in Buttermilch 1 Stunde einweichen.

2 Butter oder Margarine mit Handrührgerät mit Rührbesen auf höchster Stufe geschmeidig rühren. Honig unterrühren, so lange rühren, bis eine gebundene Masse entstanden ist. Eier nach und nach unterrühren (jedes Ei etwa ½ Minute).

3 Weizenvollkornmehl mit Backpulver und Kakao mischen, portionsweise auf mittlerer Stufe unterrühren.

4 Apfel schälen, vierteln, entkernen, grob raspeln, mit den Rosinen und dem Rest der Buttermilch unterrühren. Zimt, Nelken, Piment und Kardamom unterrühren.

5 Den Teig in 6 gut gefettete Portionsförmchen bis etwa 1 cm unter den Rand füllen oder in 6 dreifach ineinandergesteckte Papierbackförmchen füllen. Die Förmchen auf dem Rost, Papierbackförmchen auf dem Backblech, in den Backofen schieben.

Ober-/Unterhitze: etwa 180 °C (vorgeheizt)
Heißluft: etwa 160 °C (nicht vorgeheizt)
Gas: Stufe 2–3 (vorgeheizt)
Backzeit: etwa 45 Minuten, Papierbackförmchen etwa 25 Minuten.

6 Die Küchlein 10 Minuten stehen lassen, aus den Förmchen nehmen, die erkalteten Küchlein mit angeschlagener Sahne bestreichen, mit Puderzucker bestäuben und mit Schokoladenraspeln bestreuen.

Tipp: *Statt des Honigs kann auch 150 g Farinzucker genommen werden. Die Küchlein lassen sich auch gut einfrieren.*

Bunte Törtchen

(12 Stück)

Zutaten

Für den Rührteig:
125 g Butter oder Margarine
150 g Zucker
1 Pck. Vanillin-Zucker
2 Eier (Größe M)
150 g Weizenmehl
1 ½ gestr. TL Backpulver
100 g Kokosraspel

Zum Bestreuen:
75 g Schokoladentröpfchen
einige Belegkirschen, rot

Für die Marzipankugeln:
100 g Marzipan-Rohmasse
50 g Belegkirschen, rot und grün

24 Papierbackförmchen

Zubereitungszeit:
25 Minuten

Insgesamt:
E: 55 g, F: 226 g, Kh: 376 g, kJ: 16164, kcal: 3861

FÜR KINDER

1 Für den Teig Butter oder Margarine mit Handrührgerät mit Rührbesen auf höchster Stufe geschmeidig rühren, nach und nach Zucker und Vanillin-Zucker hinzufügen, so lange rühren, bis eine gebundene Masse entstanden ist. Eier nach und nach unterrühren (jedes Ei etwa ½ Minute). Mehl mit Backpulver mischen, sieben, portionsweise auf mittlerer Stufe unterrühren. Kokosraspel unterrühren.

2 Den Teig esslöffelweise in je zwei ineinandergestellte Papierbackförmchen geben, mit Schokoladentröpfchen und nach Belieben mit zerkleinerten Belegkirschen bestreuen.

3 Für die Marzipankugeln die Rohmasse mit den kleingeschnittenen Belegkirschen verkneten. Daraus eine fingerdicke Rolle formen, diese in 12 Stücke schneiden und zu Kugeln formen. Auf jedes Törtchen eine Marzipankugel geben und leicht andrücken. Die Törtchen auf dem Backblech in den Backofen schieben.

Ober-/Unterhitze: 180–200 °C (vorgeheizt)
Heißluft: 160–180 °C (nicht vorgeheizt)
Gas: Stufe 3–4 (vorgeheizt)
Backzeit: 25–30 Minuten.

Tipp: *Die Törtchen können nach Belieben nach dem Auskühlen auch mit Schokoladenglasur bestrichen und mit Smarties oder buntem Zucker oder Kokosraspeln bestreut werden.*

Hamburger Sandtörtchen

(20 Stück)

Zutaten

- 200 g Butter
- 200 g Zucker
- 1 Pck. Vanillin-Zucker
- 1 Prise Salz
- 4 Eier (Größe M)
- 125 g Weizenmehl
- 125 g Speisestärke
- ½ gestr. TL Backpulver
- 1 EL Rum

40 Papierbackförmchen

Zubereitungszeit:
35 Minuten

Insgesamt:
E: 46 g, F: 192 g, Kh: 409 g,
kJ: 15441, kcal: 3689

FÜR GÄSTE

1 Butter zerlassen, in eine Rührschüssel geben und erkalten lassen.

2 In die wieder etwas festgewordene Butter Zucker, Vanillin-Zucker und Salz geben.

3 Mit Handrührgerät mit Rührbesen so lange rühren, bis Butter und Zucker weißschaumig geworden sind.

4 Nach und nach die Eier unterrühren (jedes Ei etwa ½ Minute).

5 Mehl, Speisestärke und Backpulver mischen, sieben und portionsweise auf mittlerer Stufe unterrühren. Rum unterrühren.

6 Teig auf 20 doppelt ineinandergestellte Papierbackförmchen verteilen, Förmchen auf dem Backblech in den Backofen schieben.

Ober-/Unterhitze: 180–200 °C (vorgeheizt)
Heißluft: 160–180 °C (nicht vorgeheizt)
Gas: etwa Stufe 3 (vorgeheizt)
Backzeit: 25–30 Minuten.

Tipp: *Die Sandtörtchen erkalten lassen, mit Puderzucker bestäuben oder eine Eierlikörsahne dazureichen.*

Linzer Mandel-Törtchen

(20 Stück)

Zutaten

Für den Zwillingsteig:
4 Platten TK-Blätterteig
150 g Weizenmehl
100 g Butter, 50 g Zucker
1 Pck. Vanillin-Zucker

40 Papierbackförmchen

Für die Füllung:
3 Eigelb (Größe M)
125 g Zucker, 125 g Butter
40 g Marzipan-Rohmasse
125 ml (⅛ l) Schlagsahne
½ Fl. Rum-Aroma
3 Tropfen Zitronen-Aroma
1 Fl. Vanille-Aroma
250 g Weizenmehl
2 gestr. TL Backpulver
3 Eiweiß (Größe M)
100 g abgezogene, gemahlene Mandeln

Zum Bestreuen:
40 g abgezogene, gehobelte Mandeln

Zum Aprikotieren:
30 g Zucker, 2 EL Wasser
50 g Aprikosenkonfitüre

Für die Glasur:
50 g Puderzucker
etwas Wasser

Zum Garnieren:
nach Belieben Marzipanröschen

Zubereitungszeit:
45 Minuten

Insgesamt:
E: 71 g, F: 342 g, Kh: 474 g, kJ: 22793, kcal: 5445

ETWAS AUFWENDIGER

1 Für den Zwillingsteig die Blätterteigplatten bei Zimmertemperatur auftauen lassen. Aus den restlichen Zutaten einen Knetteig bereiten und mit dem Blätterteig verkneten, dünn ausrollen. 20 Platten (ø 10 cm) ausstechen, in 20 doppelt ineinandergesteckte Papierbackförmchen legen, auf ein Backblech stellen.

2 Für die Füllung das Eigelb mit ⅓ des Zuckers, der Butter und dem Marzipan mit Handrührgerät mit Rührbesen cremig schlagen. Die Hälfte der Sahne mit den Aromen hinzufügen, nochmals kurz schlagen.

3 Mehl mit Backpulver mischen, sieben, die Hälfte davon unter die Eigelbcreme rühren. Das Eiweiß mit dem restlichen Zucker steif schlagen, auf die Eigelbmasse geben. Das restliche Mehl und die Mandeln darauf geben. Alles vorsichtig unter die Eigelbmasse ziehen.

4 Den Teig auf die Förmchen verteilen, am Rand mit Mandeln bestreuen. Das Backblech in den Backofen schieben.

Ober-/Unterhitze: etwa 180 °C (vorgeheizt)
Heißluft: etwa 160 °C (nicht vorgeheizt)
Gas: Stufe 3–4 (vorgeheizt)
Backzeit: etwa 35 Minuten.

5 Zum Aprikotieren den Zucker mit dem Wasser unter Rühren erhitzen, bis der Zucker gelöst ist. Die Konfitüre durch ein Sieb streichen, hinzufügen, so lange kochen, bis die Masse anfängt dicklich zu werden. Die ausgekühlten Törtchen damit aprikotieren.

6 Zum Glasieren den gesiebten Puderzucker mit etwas Wasser zu einer dünnflüssigen Masse verrühren. Die Törtchen glasieren und nach Belieben mit Marzipanröschen garnieren.

Marzipan-Mandel-Törtchen

(etwa 8 Stück)

Zutaten

Für den Teig:
200 g Marzipan-Rohmasse
50 g gesiebter Puderzucker
4 Eier (Größe M)
150 g Weizenmehl
2 gestr. TL Backpulver
50 g gehacktes Orangeat
75 g zerlassene, abgekühlte Butter
30 g abgezogene, gehobelte Mandeln
2–3 EL abgezogene, gehobelte Mandeln

Zum Aprikotieren:
3 EL Aprikosenkonfitüre
3 EL Rum
1 EL Wasser

Zubereitungszeit:
25 Minuten

Insgesamt:
E: 85 g, F: 192 g, Kh: 324 g, kJ: 15086, kcal: 3604

FÜR KINDER

1 Für den Teig Marzipan-Rohmasse und Puderzucker in einer Rührschüssel mit Handrührgerät mit Rührbesen gut verrühren. Eier nach und nach unterrühren, so lange rühren, bis eine cremige Masse entstanden ist. Mehl mit Backpulver mischen, auf die Eiercreme sieben, auf mittlerer Stufe unterrühren.

2 Orangeat und zerlassene, abgekühlte Butter unterheben. Den Teig in gut gefettete, mit gehobelten Mandeln (30 g) ausgestreute Förmchen (ø etwa 8 cm, Höhe 3–4 cm) füllen, mit 2–3 Esslöffeln Mandeln bestreuen, die Förmchen auf dem Rost in den Backofen stellen.

Ober-/Unterhitze: etwa 180 °C (vorgeheizt)
Heißluft: etwa 160 °C (nicht vorgeheizt)
Gas: Stufe 3–4 (vorgeheizt)
Backzeit: etwa 30 Minuten.

3 Zum Aprikotieren Aprikosenkonfitüre durch ein Sieb streichen, mit Rum und Wasser verrühren, die erkalteten Törtchen damit bestreichen, etwas antrocknen lassen, in gut schließenden Dosen aufbewahren.

Tipp: *Die Törtchen können auch in 12–14 dreifach ineinandergestellten Papierbackförmchen gebacken werden. Dann reduziert sich die Backzeit auf etwa 25 Minuten.*

Schoko-Orangen-Küchlein

(18 Stück)

Zutaten

Für den Rührteig:
Schale und Saft von 1 Orange (unbehandelt)
250 g Butter oder Margarine
200 g Zucker
1 Pck. Vanillin-Zucker
1 Prise Salz
4 Eier (Größe M)
250 g Weizenmehl
50 g Speisestärke
3 gestr. TL Backpulver
1 Pck. (75 g) Schokotröpfchen

36 bunte Papierbackförmchen (ø 6 cm)

Zum Verzieren:
Schlagsahne
Kakao
Zuckerguß
Cocktailkirschen
Mandarinenspalten
gehackte Pistazienkerne
etwas Kuvertüre
Puderzucker

Zubereitungszeit:
35 Minuten

Insgesamt:
E: 74 g, F: 272 g, Kh: 544 g, kJ: 21271, kcal: 5082

FÜR KINDER

1 Für den Teig Orange waschen, abtrocknen und die Schale abreiben. Orange halbieren, Saft auspressen.

2 Butter oder Margarine mit Handrührgerät mit Rührbesen auf höchster Stufe geschmeidig rühren, Zucker, Vanillin-Zucker und Salz unterrühren, so lange rühren, bis eine gebundene Masse entstanden ist. Orangenschale hinzufügen. Eier nacheinander unterrühren (jedes Ei etwa ½ Minute).

3 Mehl, Speisestärke und Backpulver mischen, sieben, portionsweise mit dem Orangensaft zufügen und zu einem glatten Teig verrühren. Schokotröpfchen unterheben.

4 Je 2 Papierbackförmchen ineinandersetzen. Je 1 gehäuften Esslöffel Teig hineingeben. Die Förmchen auf dem Backblech in den Backofen schieben.

Ober-/Unterhitze: etwa 180 °C (vorgeheizt)
Heißluft: etwa 160 °C (nicht vorgeheizt)
Gas: Stufe 2–3 (vorgeheizt)
Backzeit: 20–25 Minuten.

5 Die Küchlein abkühlen lassen und nach Belieben mit Sahnetuffs und Kakao, Zuckerguß, Cocktailkirschen, Mandarinen und Pistazien, geschmolzener Kuvertüre und Puderzucker bunt verzieren.

Tipp: *Statt in Papierbackförmchen den Teig in 12 Muffinsförmchen backen, dann 10 Minuten stehen lassen, aus den Förmchen nehmen und abkühlen lassen.*

Stracciatella-Törtchen

(12 Stück)

Zutaten

Für den Rührteig:
100 g Marzipan-Rohmasse
125 g Butter oder Margarine
100 g Zucker
1 Pck. Vanillin-Zucker
1 Prise Salz
2 Eier (Größe M)
200 g Weizenmehl
50 g Speisestärke
2 TL Backpulver
50 g Zartbitterschokolade

24 Papierbackförmchen

Zum Bestreichen:
2 EL durch ein Sieb gestrichene Aprikosenkonfitüre
1 EL Apricot Brandy
200 g Vollmilchkuvertüre
10 g Kokosfett

etwas Raspelschokolade zum Garnieren

Zubereitungszeit:
30 Minuten

Insgesamt:
E: 67 g, F: 251 g, Kh: 512 g, kJ: 19798, kcal: 4731

FÜR GÄSTE

1 Für den Teig Marzipan-Rohmasse und Fett mit Handrührgerät mit Rührbesen geschmeidig rühren. Zucker, Vanillin-Zucker und Salz unterrühren, so lange rühren, bis eine gebundene Masse entstanden ist. Eier nach und nach unterrühren (jedes Ei etwa ½ Minute).

2 Mehl, Speisestärke und Backpulver mischen, sieben und portionsweise auf mittlerer Stufe unterrühren. Schokolade in kleine Stücke schneiden, unterheben.

3 Den Teig in 12 Papierbackförmchen (zweifach ineinandergestellt) füllen, auf dem Backblech in den Backofen schieben.

Ober-/Unterhitze: etwa 180 °C (vorgeheizt)
Heißluft: etwa 160 °C (nicht vorgeheizt)
Gas: Stufe 3–4 (vorgeheizt)
Backzeit: etwa 25 Minuten.

4 Zum Bestreichen Konfitüre und Apricot Brandy unter Rühren zum Kochen bringen. Die Törtchen sofort nach dem Backen damit bestreichen, erkalten lassen.

5 Kuvertüre und Kokosfett in einem kleinen Topf im Wasserbad bei schwacher Hitze zu einer geschmeidigen Masse verrühren. Die erkalteten Törtchen damit überziehen und nach Belieben mit Raspelschokolade garnieren.

Sweat dream

(Weinbrandtörtchen – 18 Stück)

Zutaten

Für den Rührteig:
200 g Butter oder Margarine
200 g Zucker
1 Pck. Vanillin-Zucker
1 Prise Salz
4 Eier (Größe M)
200 g Weizenmehl
50 g Speisestärke
1 gestr. TL Backpulver
100 g feingehackte Schokolade
100 g abgezogene, gemahlene Mandeln

Zum Tränken:
125 ml (⅛ l) Weinbrand

Zum Aprikotieren:
125 g durch ein Sieb gestrichene Orangenmarmelade
60 g Zucker
3 EL Wasser

Nach Belieben:
weiße oder dunkle Schokolade oder Puderzuckerguss

Zubereitungszeit:
35 Minuten (ohne Abkühlzeit)

Insgesamt:
E: 82 g, F: 276 g, Kh: 620 g, kJ: 24216, kcal: 5785

RAFFINIERT

1 Für den Teig Butter oder Margarine mit Handrührgerät mit Rührbesen auf höchster Stufe geschmeidig rühren. Nach und nach Zucker, Vanillin-Zucker und Salz hinzugeben, so lange rühren, bis eine gebundene Masse enstanden ist. Mehl mit Speisestärke und Backpulver mischen, sieben, portionsweise auf mittlerer Stufe unterrühren. Schokolade und Mandeln unterheben.

2 Den Teig in 18 gefettete Muffinsförmchen oder in 6–8 kleine Herz- oder Gugelhupfförmchen füllen und auf dem Rost in den Backofen stellen.

Ober-/Unterhitze: etwa 180 °C (vorgeheizt)
Heißluft: etwa 160 °C (nicht vorgeheizt)
Gas: etwa Stufe 3 (vorgeheizt)
Backzeit: etwa 25 Minuten, größere Förmchen etwa 35 Minuten.

3 Gebäck mehrmals einstechen, mit Weinbrand tränken, abkühlen lassen, dann aus den Förmchen stürzen.

4 Zum Aprikotieren Marmelade, Zucker und Wasser unter Rühren etwas einkochen lassen. Gebäck damit bestreichen.

5 Nach Belieben mit aufgelöster weißer oder dunkler Schokolade oder mit Puderzuckerguss überziehen, nach Belieben garnieren und verzieren.

Tipp: *Der Teig kann auch in Papierbackförmchen gebacken werden. Dazu 3 Stück ineinanderstellen, Teig hineinfüllen, auf ein Backblech stellen und etwa 25 Minuten backen. Ergibt 20–24 Stück.*

Weinbrand-Törtchen

(12 Stück)

Zutaten

Für den Biskuitteig:
2 Eier (Größe M)
3 EL heißes Wasser
100 g Zucker
1 Pck. Vanillin-Zucker
75 g Weizenmehl
50 g Speisestärke
1 gestr. TL Backpulver
50 g abgezogene, gemahlene Mandeln

400 ml gut gekühlte Schlagsahne
20 g Puderzucker
1 Pck. Sahnesteif
etwa 2 EL Weinbrand

etwa 75 g abgezogene, gemahlene, gebräunte Mandeln
Raspelschokolade

Zubereitungszeit:
35 Minuten

Insgesamt:
E: 58 g, F: 206 g, Kh: 265 g, kJ: 14070, kcal: 3362

FÜR GÄSTE

1 Für den Teig Eier und Wasser mit Handrührgerät mit Rührbesen auf höchster Stufe in 1 Minute schaumig schlagen. Zucker mit Vanillin-Zucker mischen, in 1 Minute einstreuen, dann noch etwa 2 Minuten schlagen.

2 Weizenmehl mit Speisestärke und Backpulver mischen, auf die Eiercreme sieben. Mandeln auf das Mehl geben, alles kurz auf niedrigster Stufe unterrühren. Den Teig in in 12 gefettete Muffinsförmchen füllen, auf dem Rost in den Backofen stellen oder Papierbackförmchen dreifach ineinander stellen, auf ein Backblech stellen und den Teig hineinfüllen.

Ober-/Unterhitze: 180–200 °C (vorgeheizt)
Heißluft: 160–180 °C (nicht vorgeheizt)
Gas: Stufe 3–4 (vorgeheizt)
Backzeit: etwa 25 Minuten.

3 Die Törtchen etwas abkühlen lassen, dann aus der Form nehmen, erkalten lassen, einmal waagerecht durchschneiden.

4 Schlagsahne ½ Minute schlagen. Puderzucker sieben, mit Sahnesteif mischen, einstreuen, die Sahne steif schlagen. Weinbrand unter die Schlagsahne ziehen.

5 Die Törtchen mit Weinbrandsahne füllen. Rand und obere Seite der Törtchen mit Weinbrandsahne garnieren, mit Mandeln bestreuen, oder mit Raspelschokolade garnieren.

Käseküchlein

(14 Stück)

Zutaten

Für den Rührteig:
125 g Butter oder Margarine
100 g Zucker
1 Pck. Vanillin-Zucker
1 Prise Salz
2 Eier (Größe M)
100 g Weizenmehl
50 g Speisestärke
1 gestr. TL Backpulver

Für die Quarkcreme:
75 g Butter oder Margarine
75 g Zucker
1 Ei (Größe M)
250 g Speisequark
1 Pck. Saucenpulver Vanille-Geschmack
abgeriebene Schale und Saft von ½ Zitrone (unbehandelt)

42 bunte Papierbackförmchen (Ø 6 cm)

Zum Verzieren:
100 g Aprikosenkonfitüre
1 EL Wasser
Kiwischeiben
Erdbeeren
Mandarinen (aus der Dose)
Zitronenmelisseblättchen

Zubereitungszeit:
35 Minuten

Insgesamt:
E: 65 g, F: 213 g, Kh: 413 g,
kJ: 16552, kcal: 3953

FÜR GÄSTE

1 Für den Teig Fett mit Handrührgerät mit Rührbesen auf höchster Stufe geschmeidig rühren. Nach und nach Zucker, Vanillin-Zucker und Salz unterrühren. So lange rühren, bis eine gebundene Masse entstanden ist. Eier nach und nach unterrühren (jedes Ei etwa ½ Minute). Mehl, Speisestärke und Backpulver mischen, sieben, auf mittlerer Stufe unterrühren.

2 Für die Quarkcreme das Fett geschmeidig rühren. Zucker und Ei unterrühren. Quark, Saucenpulver, Zitronenschale und -saft hinzufügen und gut verrühren.

3 Jeweils 3 Papierbackförmchen ineinandersetzen und je 1 Esslöffel Rührteig hineingeben. Mit einem in Wasser getauchten Esslöffel glattstreichen. Quarkcreme darauf verteilen. Backförmchen auf dem Backblech in den Backofen schieben.

Ober-/Unterhitze: 180–200 °C (vorgeheizt)
Heißluft: 160–180 °C (nicht vorgeheizt)
Gas: etwa Stufe 3 (vorgeheizt)
Backzeit: etwa 25 Minuten.

4 Die Käseküchlein auf einem Kuchengitter auskühlen lassen.

5 Zum Verzieren Aprikosenkonfitüre durch ein Sieb streichen, mit Wasser einmal aufkochen lassen und die Küchlein damit bestreichen. Mit Früchten belegen und mit Melisseblättchen verzieren. Käseküchlein können auch schon am Vortag zubereitet werden, schmecken aber auch lauwarm sehr gut.

Muffins mit Früchten

Prinzessinnen-Muffins

(12 Stück)

Zutaten
1 Dose Aprikosen (Abtropfgewicht 265 g)
225 g Weizenmehl
3 gestr. TL Backpulver
50 g grob gehackte, geröstete Pinienkerne
2 EL Ahornsirup
1 Ei (Größe M)
150 g Farinzucker
75 ml Rapsöl
150 ml Buttermilch

Zubereitungszeit:
30 Minuten

Insgesamt:
E: 52 g, F: 110 g, Kh: 436 g, kJ: 12763, kcal: 3047

RAFFINIERT

1 Aprikosen auf ein Sieb geben, gut abtropfen lassen, Aprikosen in kleine Würfel schneiden.

2 Mehl mit Backpulver mischen, in eine Rührschüssel sieben. Die übrigen Zutaten hinzufügen und mit Handrührgerät mit Knethaken zu einem glatten Teig verarbeiten.

3 Den Teig in 12 gefettete Muffinsförmchen verteilen und auf dem Rost in den Backofen stellen.

Ober-/Unterhitze: etwa 180 °C (vorgeheizt)
Heißluft: etwa 160 °C (nicht vorgeheizt)
Gas: Stufe 2–3 (vorgeheizt)
Backzeit: etwa 25 Minuten.

4 Die Muffins 10 Minuten stehen lassen, aus den Förmchen lösen, erkalten lassen.

5 Ausgekühlte Muffins nebeneinander legen, den Rost des Backofens darauflegen. Muffins mit Puderzucker bestäuben, Rost entfernen. (Auf diese Weise entstehen die Streifen).

Tipp: *Die Muffins noch heiß tränken. Dazu 5 Esslöffel Wasser mit 1 Esslöffel Zucker aufkochen und 2 Esslöffel Aprikosenlikör unterrühren. Die Muffins damit tränken und mit Farinzucker bestreuen.*

Heidelbeer-Muffins

(12 Stück)

Zutaten

250 g frische Heidelbeeren
(oder aus dem Glas)

Für den Teig:
300 g Weizenmehl
3 TL Backpulver
1 Prise Salz
30 g Zucker
1 Pck. Bourbon-Vanillezucker
1 Ei (Größe M)
250 ml (¼ l) Milch
4 EL Speiseöl

Zubereitungszeit:
30 Minuten

Insgesamt:
E: 49 g, F: 68 g, Kh: 322 g,
kJ: 9224, kcal: 2202

KLASSISCH

1 Heidelbeeren, verlesen, waschen. Heidelbeeren (auch die aus dem Glas) sehr gut abtropfen lassen, mit Küchenpapier trockentupfen.

2 Mehl und Backpulver mischen, in eine Rührschüssel sieben, Salz, Zucker, Bourbon-Vanillezucker, Ei, Milch und Öl hinzufügen und mit Handrührgerät mit Knethaken zu einem glatten Teig verarbeiten.

3 Heidelbeeren vorsichtig unterheben. Den Teig in 12 gefettete Muffinsförmchen geben, die Form auf dem Rost in den Backofen stellen.

Ober-/Unterhitze: etwa 180 °C (vorgeheizt)
Heißluft: etwa 160 °C (nicht vorgeheizt)
Gas: etwa Stufe 3 (vorgeheizt)
Backzeit: etwa 25 Minuten.

4 Die Muffins 10 Minuten stehen lassen, aus den Förmchen lösen, erkalten lassen.

Tipp: *Die Muffins in 12 dreifach ineinandergesteckte Papierbackförmchen füllen oder die Muffinsförmchen vor dem Backen mit Spaltmandeln ausstreuen.*

Veränderung: *Statt der Heidelbeeren können auch Himbeeren oder Johannisbeeren verwendet werden und zusätzlich Mandeln oder Nüsse hinzugefügt werden.*

Riesen-Muffins

(12 Stück)

Zutaten

125 g frische Heidelbeeren

Für den Rührteig:
125 g weiches Butterschmalz
125 g Zucker
2 Pck. Vanillin-Zucker
2 Eier (Größe M)
250 g Weizenmehl
2 gestr. TL Backpulver
125 ml (⅛ l) Buttermilch

Zum Verzieren:
100 g weiße Kuvertüre

Zubereitungszeit:
25 Minuten

Insgesamt:
E: 58 g, F: 177 g, Kh: 417 g,
kJ: 15070, kcal: 3599

KLASSISCH

1 Heidelbeeren putzen, waschen, auf Küchenpapier abtropfen lassen.

2 Für den Teig Butterschmalz mit Zucker und Vanillin-Zucker mit Handrührgerät mit Rührbesen so lange schaumig rühren, bis die Masse sehr hell wird. Eier unterrühren (jedes Ei etwa ½ Minute). Mehl mit Backpulver mischen, sieben und abwechselnd mit der Buttermilch portionsweise auf mittlerer Stufe unterrühren.

3 Heidelbeeren vorsichtig unter den Teig heben und den Teig in 12 gefettete Muffinsförmchen füllen. Form auf dem Rost in den Backofen stellen.

Ober-/Unterhitze: etwa 180 °C (vorgeheizt)
Heißluft: etwa 160 °C (nicht vorgeheizt)
Gas: Stufe 3–4 (vorgeheizt)
Backzeit: 25–30 Minuten.

4 Muffins 10 Minuten stehen lassen, aus den Förmchen lösen, erkalten lassen.

5 Zum Verzieren Kuvertüre in einem kleinen Topf im Wasserbad bei schwacher Hitze zu einer geschmeidigen Masse verrühren, mit Hilfe eines kleinen Löffels auf die Muffins sprenkeln.

Tipp: *Nach Belieben mit Heidelbeeren oder Schokostreuseln bestreuen oder statt der weißen Kuvertüre Puderzuckerguss verwenden.*

Heidelbeer-Joghurt-Muffins mit Mandeln

(12 Stück)

Zutaten

150 g Heidelbeeren (aus dem Glas) oder frische Heidelbeeren

Für den Teig:
225 g Weizenmehl
3 gestr. TL Backpulver
100 g Zucker
1 Pck. Vanillin-Zucker
1 Prise Salz
100 ml Milch
1 Becher (150 g) Joghurt
3 EL Speiseöl
80 g abgezogene, gehackte Mandeln
Schale von 1 Zitrone (unbehandelt)

Für die Glasur:
100 g Puderzucker
1 TL Zitronensaft
1 EL Heidelbeersaft

20 g abgezogene Mandeln zum Bestreuen

Zubereitungszeit:
35 Minuten

Insgesamt:
E: 52 g, F: 213 g, Kh: 431 g, kJ: 16809, kcal: 4015

KLASSISCH

1 Heidelbeeren auf ein Sieb geben und gut abtropfen lassen, oder frische Heidelbeeren putzen, verlesen, evtl. waschen und gut abtropfen lassen.

2 Für den Teig Mehl und Backpulver mischen, in eine Rührschüssel sieben. Die übrigen Zutaten hinzufügen und mit Handrührgerät mit Knethaken zu einem glatten Teig verarbeiten, Heidelbeeren unterheben.

3 Den Teig in 12 gefettete Muffinsförmchen geben, auf dem Rost in den Backofen stellen.

Ober-/Unterhitze: etwa 180 °C (vorgeheizt)
Heißluft: etwa 160 °C (nicht vorgeheizt)
Gas: Stufe 3–4 (vorgeheizt)
Backzeit: etwa 25 Minuten.

4 Die Muffins 10 Minuten stehen lassen, aus den Förmchen lösen und erkalten lassen.

5 Für die Glasur Puderzucker in eine Schüssel sieben, mit Zitronen- und Heidelbeersaft verrühren und auf die Muffins streichen, mit Mandeln bestreuen.

Tipp: *Dazu schmeckt eine Eierlikörsahne. Wer keine Muffinsform hat, kann den Teig auch in 12 dreifach ineinandergesteckte Papierbackförmchen geben.*

Heidelbeer-Pecannuss-Muffins

(12 Stück)

Zutaten

150 g frische Heidelbeeren oder Heidelbeeren aus dem Glas
50 g Pecannusskerne
250 g Weizenmehl
3 gestr. TL Backpulver
1 Msp. Natron
100 g Rohrzucker
1 Prise Salz
2 Eier (Größe M)
125 g zerlassene Butter
abgeriebene Schale von ½ Zitrone (unbehandelt)
100 ml Milch

36 Papierbackförmchen

1 EL Puderzucker

Zubereitungszeit:
30 Minuten

Insgesamt:
E: 51 g, F: 157 g, Kh: 339 g, kJ: 12956, kcal: 3095

KLASSISCH

1 Heidelbeeren putzen, evtl. kurz waschen, trockentupfen. Heidelbeeren aus dem Glas sehr gut abtropfen lassen. Pecannüsse hacken.

2 Mehl mit Backpulver und Natron mischen, in eine Rührschüssel sieben. Rohrzucker, Salz, Eier, Butter, Zitronenschale und Milch hinzufügen.

3 Die Zutaten mit Handrührgerät mit Knethaken zu einem glatten Teig verarbeiten. Heidelbeeren und Pecannüsse untermischen.

4 Den Teig in 12 dreifach ineinandergesteckte Papierbackförmchen geben, auf dem Backblech in den Backofen schieben.

Ober-/Unterhitze: etwa 180 °C (vorgeheizt)
Heißluft: etwa 160 °C (nicht vorgeheizt)
Gas: Stufe 3–4 (vorgeheizt)
Backzeit: etwa 25 Minuten.

5 Die Muffins abkühlen lassen und mit Puderzucker bestäuben.

Tipp: *Teig in 12 gefettete Muffinsförmchen geben, nach dem Backen 10 Minuten stehen lassen, dann aus den Förmchen lösen. Schmecken am nächsten Tag noch gut.*

Heidelbeer-Küchlein

(12 Stück)

Zutaten

125 g Heidelbeeren (aus dem Glas oder TK)

Für den Rührteig:
100 g Butter
125 g Zucker
1 Pck. Vanillin-Zucker
1 Pck. Geriebene Zitronenschale
½ TL Salz
2 Eier (Größe M)
200 g Weizenmehl
½ TL Backpulver
100 ml Milch

evtl. Puderzucker

Zubereitungszeit:
20 Minuten

Insgesamt:
E: 43 g, F: 102 g, Kh: 308 g, kJ: 10005, kcal: 2390

KLASSISCH

1 Heidelbeeren (TK-Früchte auftauen lassen) sehr gut abtropfen lassen, mit Küchenpapier trockentupfen.

2 Für den Rührteig die Butter mit Handrührgerät mit Rührbesen auf höchster Stufe geschmeidig rühren. Nach und nach Zucker, Vanillin-Zucker, Zitronenschale und Salz hinzufügen. So lange rühren, bis eine gebundene Masse entstanden ist.

3 Die Eier nach und nach unterrühren (jedes Ei etwa ½ Minute). Mehl und Backpulver mischen, sieben. Portionsweise mit der Milch auf mittlerer Stufe unterrühren, Heidelbeeren unterheben. Den Teig in 12 gefettete Muffinsförmchen verteilen, auf den Rost in den Backofen stellen.

Ober-/Unterhitze: 180–200 °C (vorgeheizt)
Heißluft: 160–180 °C (nicht vorgeheizt)
Gas: Stufe etwa 3 (vorgeheizt)
Backzeit: etwa 25 Minuten.

4 Die Muffins 10 Minuten stehen lassen, aus den Förmchen lösen, erkalten lassen, nach Belieben mit Puderzucker bestäuben.

Eierlikör-Muffins mit Heidelbeeren und Äpfeln

(12 Stück)

Zutaten

125 g frische Heidelbeeren oder aus dem Glas
1–2 kleine Äpfel

Für den Teig:
250 g Weizenmehl
2 gestr. TL Backpulver

1 Heidelbeeren putzen, verlesen, evtl. waschen. Heidelbeeren (auch die aus dem Glas) sehr gut abtropfen lassen, mit Küchenpapier trockentupfen. Äpfel schälen, vierteln, entkernen. Äpfel grob raffeln und sehr gut ausdrücken.

2 Für den Teig Mehl, Backpulver und Natron mischen, in eine Rührschüssel sieben. Zucker, Vanillin-Zucker, Ei, Milch, Eierlikör und Öl hinzufügen. Mit Handrührgerät mit Knethaken zu einem glatten Teig verarbeiten.

3 Den Teig teilen. Eine Teighälfte mit Mandeln und Heidelbeeren vermengen. Die andere Teighälfte mit etwas Zimt und Äpfeln vermengen. Die Teige in je 6 gefettete Muffinsförmchen geben, auf den Rost in den Backofen stellen.

Ober-/Unterhitze: etwa 180 °C (vorgeheizt)
Heißluft: etwa 160 °C (nicht vorgeheizt)
Gas: etwa Stufe 3 (vorgeheizt)
Backzeit: 25–30 Minuten.

4 Nach dem Backen die Muffins 5–10 Minuten ruhen lassen, dann aus den Förmchen lösen, erkalten lassen, mit Puderzucker bestäuben.

1 Msp. Natron
100 g Zucker
1 Pck. Vanillin-Zucker
1 Ei (Größe M)
75 ml Milch
100 ml Eierlikör
75 ml Pflanzenöl
1 EL abgezogene, gehackte Mandeln
1 TL gemahlener Zimt

Puderzucker zum Bestäuben

Zubereitungszeit:
30 Minuten

Insgesamt:
E: 44 g, F: 98 g, Kh: 371 g, kJ: 11673, kcal: 2787

RAFFINIERT

Himbeer-Frischkäse-Muffins

(12 Stück)

1 Himbeeren verlesen (nicht waschen). TK-Himbeeren auftauen und auf einem Sieb abtropfen lassen.

2 Mehl mit Backpulver mischen, in eine Rührschüssel sieben. Die anderen Zutaten hinzufügen. Mit Handrührgerät mit Knethaken zu einem glatten Teig verarbeiten.

3 Die Himbeeren unterheben. Den Teig in 12 gefettete Muffinsförmchen geben und auf den Rost in den Backofen stellen.

Ober-/Unterhitze: etwa 180 °C (vorgeheizt)
Heißluft: etwa 160 °C (nicht vorgeheizt)
Gas: Stufe 3–4 (vorgeheizt)
Backzeit: etwa 25 Minuten.

4 Muffins 10 Minuten stehen lassen, dann mit Hilfe eines Messers aus den Förmchen lösen, erkalten lassen.

Tipp: *Dazu passt ein fruchtig-exotischer Fruchtsalat. Die Muffins schmecken auch am nächsten Tag noch gut.*

Zutaten

125 g frische oder TK-Himbeeren
250 g Weizenmehl
2 gestr. TL Backpulver
150 g Zucker
½ gestr. TL Salz
2 Eier (Größe M)
125 zerlassene, abgekühlte Butter
125 ml (⅛ l) Milch
150 g Doppelrahm-Frischkäse

Zubereitungszeit:
25 Minuten

Insgesamt:
E: 65 g, F: 170 g, Kh: 412 g, kJ: 14892, kcal: 3558

GUT VORZUBEREITEN

Ananas-Marzipan-Muffins

(12 Stück)

Zutaten

200 g Butter oder Margarine
100 g Marzipan-Rohmasse
75 g Farinzucker
1 Pck. Bourbon-Vanillezucker
3 Eier (Größe M)
250 g Weizenmehl
3 gestr. TL Backpulver
1 Dose (265 g Abtropfgewicht) geraspelte Ananas
50 ml Schlagsahne

Zubereitungszeit:
25 Minuten

Insgesamt:
E: 66 g, F: 238 g, Kh: 342 g
kJ: 16405, kcal: 3920

FÜR GÄSTE

1 Butter oder Margarine und Marzipan mit Handrührgerät mit Rührbesen geschmeidig rühren, Farinzucker und Bourbon-Vanillezucker unterrühren.

2 Eier nach und nach unterrühren. Weizenmehl und Backpulver mischen, sieben, in 2 Portionen unterrühren.

3 Die sehr gut abgetropften Ananasraspel und die Schlagsahne unterheben.

4 Die Masse in 12 gefettete Muffinsförmchen füllen und auf dem Rost in den Backofen schieben.

Ober-/Unterhitze: etwa 180 °C (vorgeheizt)
Heißluft: etwa 160 ° C (nicht vorgeheizt)
Gas: Stufe 3–4 (vorgeheizt)
Backzeit: etwa 30 Minuten.

5 Die Muffins 10 Minuten stehen lassen, aus den Förmchen lösen, erkalten lassen.

Tipp: *Sie können den Teig auch als Waffeln ausbacken, dann müssen Sie zusätzlich noch 150 ml Schlagsahne in den Teig geben. Dann jeweils 2 Esslöffel Teig in ein vorgeheiztes, gut gefettetes Waffeleisen geben und goldgelbe Waffeln ausbacken. Zu den Muffins oder Waffeln Schlagsahne mit Rum-Rosinen servieren.*

Ananas-Zucchini-Muffins

(12 Stück)

Zutaten

- 150 g Zucchini
- 100 g geraspelte Ananas (aus der Dose)
- 250 g Weizenmehl
- 2 gestr. TL Backpulver
- ½ gestr. TL Natron
- 1 Prise Salz
- 150 g Zucker
- 2 Eier (Größe M)
- 150 ml Speiseöl
- 75 ml Buttermilch

Puderzucker zum Bestäuben

Zubereitungszeit:
25 Minuten

Insgesamt:
E: 47 g, F: 167 g, Kh: 362 g, kJ: 13584, kcal: 3244

RAFFINIERT

1 Zucchini waschen und grob raspeln, evtl. etwas ausdrücken. Ananas gut abtropfen lassen und ausdrücken, damit die Ananasraspel trocken sind.

2 Mehl, Backpulver und Natron mischen, in eine Rührschüssel sieben. Die übrigen Zutaten hinzufügen. Mit Handrührgerät mit Knethaken zu einem glatten Teig verarbeiten.

3 Zum Schluß Zucchini- und Ananasraspel unterheben. Teig in 12 gefettete Muffinsförmchen füllen, auf den Rost in den Backofen stellen.

Ober-/Unterhitze: etwa 180 °C (vorgeheizt)
Heißluft: etwa 160 °C (nicht vorgeheizt)
Gas: Stufe 3–4 (vorgeheizt)
Backzeit: 25–30 Minuten.

4 Die Muffins 10 Minuten stehen lassen, dann aus den Förmchen lösen, erkalten lassen, mit Puderzucker bestäuben.

Tipp: *Muffins vom Vortag nochmals 5 Minuten bei 180 °C aufbacken. Nach Belieben die Muffins ohne Ananas zubereiten, dann die Zucchinimenge um 100 g erhöhen.*

Erdnuss-Bananen-Muffins

(12 Stück)

Zutaten

- 1 große Banane
- 2 EL Zitronensaft
- 150 g Erdnusscreme
- 50 g brauner Zucker
- 2 Eier (Größe M)
- 250 g Weizenmehl
- 2 gestr. TL Backpulver
- ½ gestr. TL Natron
- 125 ml (⅛ l) Speiseöl
- 125 ml (⅛ l) Buttermilch

1 Banane schälen, würfeln oder mit einer Gabel zerdrücken, mit Zitronensaft beträufeln.

2 Erdnusscreme, Zucker und Eier mit Handrührgerät mit Rührbesen verrühren.

3 Mehl, Backpulver und Natron mischen, sieben und hinzufügen. Öl und Buttermilch dazugeben und alles schnell zu einem glatten Teig verrühren. Banane unter den Teig rühren.

4 Teig in 12 gefettete Muffinsförmchen geben, auf den Rost in den Backofen stellen.

Ober-/Unterhitze: etwa 180 °C (vorgeheizt)
Heißluft: etwa 160 °C (nicht vorgeheizt)
Gas: Stufe 3–4 (vorgeheizt)
Backzeit: 25–30 Minuten.

5 Die Muffins 10 Minuten stehen lassen, dann aus den Förmchen lösen, erkalten lassen.

Tipp: *Die erkalteten Muffins mit Schokoladenglasur bestreichen und mit gehackten Erdnüssen bestreuen. Schmecken auch am nächsten Tag noch gut.*

Zubereitungszeit:
20 Minuten

Insgesamt:
E: 80 g, F: 224 g, Kh: 292 g,
kJ: 15196, kcal: 3631

FÜR KINDER

Fenchel-Orangen-Muffins

(12 Stück)

1 Fenchelknollen putzen, waschen, in kleine Würfel schneiden, wiegen (300 g), das Grün klein schneiden.

2 Fenchelwürfel mit Orangensaft und Butter zum Kochen bringen, 3–4 Minuten köcheln lassen, abkühlen lassen.

3 Für den Teig Mehl mit Backpulver und Natron mischen, in eine Rührschüssel sieben. Das Fenchel-Orangen-Gemisch und die übrigen Zutaten hinzufügen. Mit Handrührgerät mit Knethaken zu einem Teig verarbeiten, das Fenchelgrün unterarbeiten.

4 Den Teig in 12 gefettete Muffinsförmchen verteilen, auf den Rost in den Backofen stellen.

Ober-/Unterhitze: etwa 180 °C (vorgeheizt)
Heißluft: etwa 160 °C (nicht vorgeheizt)
Gas: Stufe 3–4 (vorgeheizt)
Backzeit: 25–30 Minuten.

5 Die Muffins 10 Minuten stehen lassen, dann aus den Förmchen lösen und lauwarm servieren.

Tipp: *Dazu passt ein Eisbergsalat, angemacht mit einer Joghurt-Sauce. Muffins vom Vortag 5 Minuten bei 180 °C aufbacken.*

Zutaten

2 kleine Fenchelknollen (300 g)
250 ml (¼ l) Orangensaft
50 g Butter
250 g Weizenmehl (Type 405)
50 g dunkles Weizenmehl (Type 1050)
2 gestr. TL Backpulver
½ gestr. TL Natron
1 TL gem. Fenchel
2 Eier (Größe M)
1 gestr. TL Salz
75 g Zucker

Zubereitungszeit:
20 Minuten

Insgesamt:
E: 56 g, F: 59 g, Kh: 326 g,
kJ: 8982, kcal: 2147

RAFFINIERT – FÜR GÄSTE

Kokos-Bananen-Muffins

(12 Stück)

Zutaten

Für den Teig:
100 g Kokosraspel
1 Banane
1 EL Zitronensaft
250 g Weizenmehl
2 gestr. TL Backpulver
1 Msp. Natron
100 g Kokos-Sirup
2 Eier (Größe M)
70 g Zucker
75 ml Speiseöl
1 Becher (150 g) saure Sahne

Für den Guss:
125 g Puderzucker
1 EL Zitronensaft
evtl. etwas Wasser

Zubereitungszeit:
25 Minuten

Insgesamt:
E: 55 g, F: 200 g, Kh: 421 g, kJ: 15930, kcal: 3806

KLASSISCH

1 Für den Teig Kokosraspel in einer Pfanne ohne Fett rösten, etwas abkühlen lassen. Banane schälen, in kleine Stücke schneiden, mit Zitronensaft beträufeln.

2 Mehl mit Backpulver und Natron mischen, in eine Rührschüssel sieben. Kokos-Sirup, Eier, Zucker, Öl und saure Sahne hinzufügen. Kokosraspel (1 Esslöffel für den Guss zurücklassen) und Bananenstücke hinzufügen, mit Handrührgerät mit Knethaken zu einem Teig verarbeiten.

3 Den Teig in 12 gefettete Muffinsförmchen füllen, auf den Rost in den Backofen stellen.

Ober-/Unterhitze: etwa 180 °C (vorgeheizt)
Heißluft: etwa 160 °C (nicht vorgeheizt)
Gas: Stufe 3–4 (vorgeheizt)
Backzeit: etwa 30 Minuten.

4 Die Muffins 10 Minuten stehen lassen, dann aus den Förmchen lösen und erkalten lassen.

5 Für den Guss Puderzucker in eine Schüssel sieben, mit Zitronensaft und Wasser zu einer glatten Masse verrühren. Die Muffins damit bestreichen, mit den zurückgelassenen Kokosraspeln bestreuen.

Tipp: *Statt der Banane 75 g Rosinen unterheben.*

Schoko-Bananen-Muffins

(12 Stück)

Zutaten

100 g getrocknete Bananen
100 g dunkles Weizenmehl (Type 1050)
125 g Weizenmehl (Type 405)
2 gestr. TL Backpulver
½ gestr. TL Natron
3 Eier (Größe M)
100 g Rohrzucker
1 TL Essig
1 Becher (150 g) Joghurt
100 ml Milch
75 m Speiseöl
100 g zerlassene Zartbitterschokolade

Puderzucker zum Bestäuben

Zubereitungszeit:
35 Minuten

Insgesamt:
E: 67 g, F: 140 g, Kh: 395 g, kJ: 13543, kcal: 3235

FÜR KINDER

1 Die Bananen in einen Gefrierbeutel geben, verschließen, die Bananen mit einer Teigrolle in grobe Stücke teilen.

2 Die beiden Mehlsorten mit Backpulver und Natron mischen, in eine Rührschüssel sieben. Eier, Rohrzucker, Essig, Joghurt, Milch und Öl hinzufügen. Mit Handrührgerät mit Knethaken zu einem glatten Teig verarbeiten. Bananen und Schokolade unterarbeiten.

3 Den Teig in 12 gefettete Muffinsförmchen verteilen, auf den Rost in den Backofen stellen.

Ober-/Unterhitze: etwa 180 °C (vorgeheizt)
Heißluft: etwa 160 °C (nicht vorgeheizt)
Gas: Stufe 3–4 (vorgeheizt)
Backzeit: etwa 25 Minuten.

4 Die Muffins 10 Minuten stehen lassen, dann aus den Förmchen lösen, erkalten lassen und mit Puderzucker bestäuben.

Tipp: *Die getrockneten Bananen können auch durch gehackte Mandeln oder gewürfelte Aprikosen ersetzt werden.*

Bananen-Rosinen-Muffins

(12 Stück)

Zutaten

3 reife Bananen
150 g Joghurt
abgeriebene Schale von 1 Zitrone (unbehandelt)
120 g weiche Butter
120 g Rohrzucker
3 Eier (Größe M)
150 g Weizenvollkornmehl
2 gestr. TL Backpulver
75 g Cornflakes, 100 g Rosinen

1 Bananen schälen und in Stücke schneiden, mit Joghurt und Zitronenschale mit der Gabel gut zerdrücken.

2 Butter und Zucker mit Handrührgerät mit Rührbesen geschmeidig rühren, Eier nach und nach unterrühren, die Bananenmasse unterrühren.

3 Mehl mit Backpulver, zerdrückten Cornflakes und Rosinen mischen und unter die Ei-Bananen-Masse rühren. Den Teig in 12 gefettete Muffinsförmchen füllen und auf den Rost in den Backofen stellen.

Ober-/Unterhitze: etwa 180 °C (vorgeheizt)
Heißluft: etwa 160 °C (nicht vorgeheizt)
Gas: etwa Stufe 3 (vorgeheizt)
Backzeit: etwa 25 Minuten.

4 Die Muffins 10 Minuten stehen lassen, aus den Förmchen lösen, erkalten lassen.

Zubereitungszeit:
50 Minuten

Insgesamt:
E: 59 g, F: 127 g, Kh: 442 g,
kJ: 13751, kcal: 3287

FÜR KINDER – VOLLWERT

Apfel-Muffins

(12 Stück)

Zutaten

2 Äpfel
2 EL Zitronensaft

Für den Teig:
250 g Weizenmehl
3 TL Backpulver
125 g Zucker
1 Pck. Vanillin-Zucker
2 Eier (Größe M)
75 ml Speiseöl
150 ml Buttermilch

Zum Verzieren:
1 Apfel
2 EL Aprikosenkonfitüre
1 EL Wasser

1 Äpfel schälen, vierteln, entkernen. Äpfel grob reiben und mit Zitronensaft beträufeln.

2 Für den Teig Mehl und Backpulver mischen, in eine Rührschüssel sieben. Zucker, Vanillin-Zucker, Eier, Öl und Buttermilch hinzufügen.

3 Die Zutaten mit Handrührgerät mit Knethaken zu einem glatten Teig verarbeiten, die Äpfel unterheben. Den Teig in 12 gefettete, gemehlte Muffinsförmchen verteilen, auf den Rost in den Backofen stellen.

Ober-/Unterhitze: etwa 180 °C (vorgeheizt)
Heißluft: etwa 160 °C (nicht vorgeheizt)
Gas: etwa Stufe 3 (vorgeheizt)
Backzeit: etwa 25 Minuten.

4 Zum Verzieren den Apfel schälen, vierteln, entkernen und in Spalten schneiden. 5 Minuten vor Beendigung der Backzeit je 2 Spalten in die Muffins stecken und fertig backen.

5 Die Muffins 10 Minuten stehen lassen, dann aus den Förmchen nehmen. Die Konfitüre durch ein Sieb streichen, mit dem Wasser in einem Stieltopf unter Rühren aufkochen, die heißen Muffins damit bestreichen, erkalten lassen.

Zubereitungszeit:
25 Minuten

Insgesamt:
E: 49 g, F: 93 g, Kh:381 g,
kJ: 11108, kcal: 2651

FÜR KINDER

Orangentörtchen

(12 Stück)

Zutaten

Für den Biskuitteig:
2 Eier (Größe M)
3 EL heißes Wasser
100 g Zucker
1 Pck. Vanillin-Zucker
75 g Weizenmehl
50 g Speisestärke
1 gestr. TL Backpulver
50 g abgezogene, gemahlene Mandeln
30 g Hagelzucker zum Bestreuen

Zum Tränken:
2 EL Wasser
40 g Zucker
abgeriebene Schale von 1 Orange (unbehandelt)
100 ml Orangensaft
2–3 EL Orangenlikör (nach Belieben)

250 ml (¼ l) gut gekühlte Schlagsahne
20 g Puderzucker
½ Pck. Sahnesteif

6 dünne Orangenscheiben

Zubereitungszeit:
45 Minuten

Insgesamt:
E: 42 g, F: 120 g, Kh: 332 g, kJ: 11424, kcal: 2730

ETWAS AUFWENDIGER

1 Für den Teig Eier und Wasser mit Handrührgerät mit Rührbesen auf höchster Stufe in 1 Minute schaumig schlagen. Zucker mit Vanillin-Zucker mischen, in 1 Minute einstreuen, dann noch etwa 2 Minuten schlagen.

2 Weizenmehl mit Speisestärke und Backpulver mischen, auf die Eiercreme sieben.

3 Mandeln auf das Mehl geben, alles kurz auf niedrigster Stufe unterrühren. Den Teig in 12 gefettete Muffinsförmchen füllen, auf den Rost in den Backofen stellen oder Papierbackförmchen dreifach ineinander setzen, auf ein Backblech stellen und den Teig hineinfüllen, mit Hagelzucker bestreuen.

Ober-/Unterhitze: 180–200 °C (vorgeheizt)
Heißluft: 160–180 °C (nicht vorgeheizt)
Gas: Stufe 3–4 (nicht vorgeheizt)
Backzeit: etwa 25 Minuten.

4 Die Törtchen etwas abkühlen lassen, dann aus den Förmchen nehmen.

5 Zum Tränken der Törtchen Wasser mit Zucker und Orangenschale aufkochen.

6 Orangensaft und Orangenlikör hinzufügen, die Törtchen damit beträufeln, gut durchziehen lassen. (Evtl. die Törtchen mit einem Holz-Spießchen mehrfach einstechen.)

7 Schlagsahne ½ Minute schlagen. Puderzucker sieben, mit Sahnesteif mischen, einstreuen, die Sahne steif schlagen. Jedes Orangentörtchen mit einem Sahnetuff verzieren.

8 Orangenscheiben vierteln, in die Sahnetuffs stecken.

Getränkte Orangen-Zitronen-Muffins

(12 Stück)

Zutaten

125 g Butter
Schale von 1 Zitrone und von 1 Orange (unbehandelt)
125 ml (⅛ l) Orangen- und Zitronensaft
250 g Weizenmehl
2 gestr. TL Backpulver
150 g Zucker
1 Pck. Vanillin-Zucker
2 Eier (Größe M)

Zum Tränken:
Saft von 1 Orange
50 g Zucker

Puderzucker zum Bestäuben

Zubereitungszeit:
40 Minuten

Insgesamt:
E: 44 g, F: 119 g, Kh: 367 g, kJ: 11734, kcal: 2804

GUT VORZUBEREITEN

1 Butter zerlassen, abkühlen lassen. Zitrone und Orange waschen, abtrocknen. Die Schale abreiben. Den Saft auspressen (evtl. mit Wasser ergänzen).

2 Mehl mit Backpulver mischen, in eine Rührschüssel sieben. Zucker, Vanillin-Zucker, Eier, Zitronen- und Orangenschale, Saft und Butter hinzufügen.

3 Die Zutaten mit Handrührgerät mit Knethaken zu einem glatten Teig verarbeiten und in 12 gefettete Muffinsförmchen geben, auf den Rost in den Backofen stellen.

Ober-/Unterhitze: etwa 180 °C (vorgeheizt)
Heißluft: etwa 160 °C (nicht vorgeheizt)
Gas: Stufe 3–4 (vorgeheizt)
Backzeit: 25–30 Minuten.

4 Zum Tränken Orangensaft und Zucker aufkochen lassen, bis sich der Zucker gelöst hat. Die noch heißen Muffins in den Förmchen damit bestreichen.

5 Muffins 10 Minuten stehen lassen, dann aus den Förmchen lösen, mit Puderzucker bestäuben.

Tipp: *Die Muffinsförmchen fetten und mit Spaltmandeln ausstreuen. Schmecken am nächsten Tag noch gut.*

Pflaumen-Törtchen mit Vanille-Sahne-Sauce

(12 Stück)

1 12 Brioche-Förmchen fetten, zunächst mit Semmelbröseln ausstreuen. Dann in jedes Förmchen ½ TL Semmelbrösel geben.

2 Für den Teig Butter mit Handrührgerät mit Rührbesen auf höchster Stufe geschmeidig rühren. Nach und nach Zucker, Bourbon-Vanillezucker, Zitronen-Aroma, Eier und Salz hinzugeben. Mehl mit Speisestärke und Backpulver mischen, sieben, portionsweise auf mittlerer Stufe unterrühren. Den Teig in die vorbereiteten Förmchen füllen.

3 Für die Füllung Pflaumen waschen, abtrocknen, halbieren, entsteinen. Jeweils 1 Oblate auf den Teig legen, mit jeweils 1 Pflaumenhälfte belegen, mit der Oblate etwas in den Teig drücken.

4 Für die Mandelmasse Zucker, Vanillin-Zucker, Aroma, Sahne und Butter unter Rühren aufkochen. Mandeln unterrühren, nochmals kurz aufkochen. Masse auf die Pflaumen verteilen. Die Förmchen auf einem mit Backpapier belegten Backrost in den Backofen schieben.

Ober-/Unterhitze: 180–200 °C (vorgeheizt)
Heißluft: 160–180 °C (nicht vorgeheizt)
Gas: Stufe 3–4 (vorgeheizt)
Backzeit: etwa 25 Minuten.

5 Die Törtchen nach dem Backen 5 Minuten in den Förmchen abkühlen lassen, etwas vom Rand lösen, auf Backpapier stürzen, erkalten lassen, wieder umdrehen. Vor dem Verzehr mit Puderzucker bestäuben.

6 Vanille-Sauce aus Saucenpulver und Milch nach Packungsanleitung zubereiten, etwas abkühlen lassen, steifgeschlagene Sahne unterrühren.

Tipp: *Die Törtchen können auch in 16 Papierbackförmchen gebacken werden, dazu jeweils drei Förmchen ineinandersetzen.*

Zutaten

Semmelbrösel

Für den Rührteig:
150 g Butter, 100 g Zucker
1 Pck. Bourbon-Vanillezucker
5 Tropfen Zitronen-Aroma
3 Eier (Größe M)
125 g Vollkornweizenmehl
25 g Speisestärke
½ gestr. TL Backpulver

Für die Füllung:
6 Pflaumen
12 Backoblaten (ø 5 cm)

Für die Mandelmasse:
50 g Zucker
1 Pck. Vanillin-Zucker
4 Tr. Bittermandel-Aroma
1 EL flüssige Schlagsahne
50 g Butter
75 g abgezogene, gehobelte Mandeln

Puderzucker zum Bestäuben

Für die Vanille-Sauce:
1 Pck. Dessert-Sauce ohne Kochen Vanille-Geschmack
250 ml (¼ l) Milch
200 ml Schlagsahne

Zubereitungszeit:
35 Minuten

Insgesamt:
E: 69 g, F: 309 g, Kh: 362 g,
kJ: 19652, kcal: 4694

DAUERT LÄNGER

Apfel-Schoko-Törtchen

(12 Stück)

Zutaten

350 g säuerliche Äpfel

Für den Teig:
250 g Weizenmehl
3 gestr. TL Backpulver
1 Prise Salz
50 g Zucker
1 gestr. TL gemahlener Zimt
1 Pck. Vanillin-Zucker
1 Becher (150 g) Joghurt
2 Eier (Größe M)
75 ml Milch
3 EL Speiseöl
50 g Schokotröpfchen oder Raspelschokolade

Kakao und Puderzucker zum Bestäuben

Zubereitungszeit:
25 Minuten

Insgesamt:
E: 58 g, F: 72 g, Kh: 331 g, kJ: 9671, kcal: 2309

EINFACH

1 Äpfel waschen, schälen und vierteln. Kerngehäuse herausschneiden. Apfelviertel in feine Würfel schneiden oder grob raspeln, evtl. etwas Flüssigkeit herausdrücken.

2 Für den Teig Mehl und Backpulver mischen, in eine Rührschüssel sieben. Salz, Zucker, Zimt, Vanillin-Zucker, Joghurt, Eier, Milch und Öl hinzufügen. Alles mit Handrührgerät mit Knethaken zu einem glatten Teig verarbeiten. Apfelwürfel und Schokotröpfchen vorsichtig unterheben.

3 Je 2–3 Papierbackförmchen ineinandersetzen und zu ¾ mit Teig füllen, auf dem Blech in den Backofen schieben oder in 12 gefettete Muffinsförmchen verteilen und auf den Rost in den Backofen stellen.

Ober-/Unterhitze: etwa 180 °C (vorgeheizt)
Heißluft: etwa 160 °C (nicht vorgeheizt)
Gas: etwa Stufe 3 (vorgeheizt)
Backzeit: etwa 25 Minuten.

4 Die Törtchen aus den Förmchen lösen. Muffins 10 Minuten stehen lassen, dann herauslösen, erkalten lassen, mit Kakao und Puderzucker bestäuben.

Tipp: *Gehackte Mandeln auf den Teig geben und mitbacken oder nach dem Erkalten mit Puderzuckerguss bestreichen und mit Liebesperlen oder Schokostreuseln belegen. Schmecken am nächsten Tag noch gut.*

Aprikosen-Küchlein

(15 Stück)

Zutaten

1 kleine Dose Aprikosen
(Abtropfgewicht 240 g)

Für den Rührteig:
200 g Butter oder Margarine
150 g Zucker
1 Pck. Vanillin-Zucker
1 Prise Salz
abgeriebene Schale von
½ Zitrone (unbehandelt)
Saft von 1 Zitrone
4 Eier (Größe M)
200 g Weizenmehl
25 g Speisestärke
2 gestr. TL Backpulver

Zum Verzieren:
150 g gesiebter Puderzucker
1–2 EL Zitronensaft

45 Papierbackförmchen

Zubereitungszeit:
30 Minuten

Insgesamt:
E: 56 g, F: 193 g, Kh: 533 g,
kJ: 17645, kcal: 4215

EINFACH

1 Aprikosen auf ein Sieb geben und gut abtropfen lassen.

2 Für den Teig Butter oder Margarine mit Handrührgerät mit Rührbesen auf höchster Stufe geschmeidig rühren. Zucker, Vanillin-Zucker und Salz unterrühren, so lange rühren, bis eine gebundene Masse entstanden ist.

3 Zitronenschale und -saft hinzufügen. Eier nach und nach unterrühren (jedes Ei etwa ½ Minute). Mehl, Speisestärke und Backpulver mischen, sieben, portionsweise auf mittlerer Stufe unterrühren.

4 Jeweils 2–3 Papierbackförmchen ineinander setzen. Je 1 Esslöffel Teig hineingeben, glattstreichen und eine Aprikosenhälfte darauflegen. Die Förmchen auf dem Backblech in den Backofen schieben.

Ober-/Unterhitze: etwa 180 °C (vorgeheizt)
Heißluft: etwa 160 °C (nicht vorgeheizt)
Gas: Stufe 2–3 (vorgeheizt)
Backzeit: etwa 25 Minuten.

5 Küchlein auf einem Kuchengitter auskühlen lassen.

6 Zum Verzieren Puderzucker und Zitronensaft zu einer dickflüssigen Masse verrühren. Rand der Küchlein damit bestreichen und trocknen lassen.

Tipp: *Ohne Puderzucker lassen sich die Küchlein auch gut einfrieren.*

Bananenküchlein

(12 Stück)

Zutaten

Für den Rührteig:
1 große Banane
2 EL Zitronensaft
100 g Butter oder Margarine
3 Eigelb (Größe M)
200 g abgezogene, gemahlene Mandeln
125 g dunkles Weizenmehl (Type 1050)
1 gestr. TL Backpulver
3 Eiweiß (Größe M)

Zum Bestreichen und Bestreuen:
2 EL Aprikosenkonfitüre
1 EL Wasser
1 EL Mandelblättchen

24 Papierbackförmchen

Zubereitungszeit:
30 Minuten

Insgesamt:
E: 79 g, F: 213 g, Kh: 154 g, kJ: 12811, kcal: 3060

FÜR KINDER

1 Für den Teig Banane schälen, mit Zitronensaft beträufeln, mit einer Gabel fein zerdrücken oder pürieren. Butter oder Margarine mit Handrührgerät mit Rührbesen auf höchster Stufe geschmeidig rühren. Banane und Eigelb unterrühren. Mandeln und das mit Backpulver gemischte Mehl portionweise auf mittlerer Stufe unterrühren. Eiweiß zu steifem Schnee schlagen, unterheben.

2 Den Teig mit zwei Teelöffeln in Papierbackförmchen (vorher auf ein Backblech stellen, am besten für jedes Törtchen 2 Papierbackförmchen ineinanderstellen, sie sind dann stabiler) oder in gut gefettete Muffinsförmchen füllen.

Ober-/Unterhitze: 180–200 °C (vorgeheizt)
Heißluft: 160–180 °C (nicht vorgeheizt)
Gas: Stufe 3–4 (vorgeheizt)
Backzeit: 20–25 Minuten.

3 Gebäck in den Papierbackförmchen belassen, Küchlein in der Muffinsform 10 Minuten stehen lassen, dann aus den Förmchen nehmen.

4 Zum Bestreichen Aprikosenkonfitüre mit Wasser unter Rühren aufkochen lassen, Küchlein damit bestreichen, mit Mandelblättchen bestreuen.

Tipp: *Bananenküchlein sind sehr saftig und schmecken auch am nächsten Tag.*

Bananen-Walnuss-Brioches

(8–10 Stück)

Zutaten

Für den Hefeteig:
1 Pck. (42 g) Frischhefe
75 g Zucker
knapp 200 ml lauwarme Milch oder Schlagsahne
200 g Vollkornweizenmehl
200 g Weizenmehl
1 Prise Salz
2 kleine Bananen
50 g Walnüsse
75 g zerlassene Butter
1 Ei (Größe M)

Zum Bestreichen:
1 Eigelb (Größe M)
2 EL Wasser

12 kleine Briocheformen

Zubereitungszeit:
55 Minuten

Insgesamt:
E: 83 g, F: 121 g, Kh: 411 g, kJ: 13416, kcal: 3205

FÜR GÄSTE

1 Für den Teig die Hefe mit etwas Zucker und Milch oder Sahne anrühren und 15 Minuten an einem warmen Ort stehen lassen.

2 Die beiden Mehlsorten, Salz und restlichen Zucker in einer Rührschüssel mischen. Die gegangene Hefe, restliche Milch oder Sahne, zerlassene Butter und Ei hinzufügen.

3 Mit Handrührgerät mit Knethaken in 5 Minuten zu einem Teig verarbeiten. An einem warmen Ort gehen lassen, bis er sich sichtbar vergrößert hat.

4 Bananen schälen, in Würfel schneiden oder mit einer Gabel etwas zerdrücken. Die Walnüsse grob hacken.

5 Den Teig nochmals kurz auf der mit Mehl bestäubten Arbeitsfläche durchkneten, dabei die Bananen und Walnüsse unterarbeiten. Teig zu einer Rolle formen und dann in 12 große und 12 kleine Kugeln formen.

6 Die großen Kugeln in die gefetteten Briocheformen geben, eine Vertiefung in die Mitte drücken und die kleinen Kugeln daraufsetzen. Die Backformen abdecken und den Teig an einem warmen Ort gehen lassen, bis er sich sichtbar vergrößert hat.

7 Die Brioches mit dem verquirlten Eigelb bestreichen, auf dem Rost in den Backofen stellen.

Ober-/Unterhitze: etwa 200 °C (vorgeheizt)
Heißluft: etwa 180 °C (nicht vorgeheizt)
Gas: Stufe 3–4 (vorgeheizt)
Backzeit: 25–30 Minuten.

9 Die Brioches sofort aus den Formen stürzen. Die Brioches entweder noch warm servieren oder auf einem Kuchenrost auskühlen lassen.

Tipps: *Statt in Briocheformen kann der Teig auch in etwa 12 Muffinsförmchen gebacken werden. Traditionell essen die Franzosen die Brioches warm mit Kaffee zum Frühstück.*

Biskuit-Törtchen mit Kirschen

(12 Stück)

Zutaten

350 g Süßkirschen

Für den Biskuitteig:
3 Eier (Größe M)
3 EL heißes Wasser
75 g Zucker
1 Pck. Vanillin-Zucker
abgeriebene Schale von
½ Zitrone (unbehandelt)
75 g Weizenmehl
25 g Speisestärke
1 gestr. TL Backpulver

Zum Verzieren:
3 EL rotes Johannisbeergelee
je 3 kleine weiße und rosa
Baiser (ca. 8 g)
evtl. Pfefferminzblättchen

36 bunte Papierbackförmchen (Ø 6 cm)

Zubereitungszeit:
30 Minuten

Insgesamt:
E: 36 g, F: 22 g, Kh: 255 g,
kJ: 5995, kcal: 1431

FÜR KINDER

1 Kirschen waschen, abtropfen lassen. 100 g Kirschen beiseite stellen, den Rest entstielen und entsteinen.

2 Für den Teig Eier und Wasser mit Handrührgerät mit Rührbesen auf höchster Stufe in 1 Minute schaumig schlagen. Zucker und Vanilllin-Zucker mischen, in 1 Minute einstreuen, dann noch etwa 2 Minuten schlagen. Zitronenschale unterrühren.

3 Mehl, Speisestärke und Backpulver mischen, die Hälfte davon auf die Eiercreme sieben und auf niedrigster Stufe unterrühren, den Rest des Mehlgemisches auf die gleiche Weise unterarbeiten. Die entsteinten Kirschen unter den Teig heben.

4 Jeweils 2–3 Papierbackförmchen ineinandersetzen und den Teig hineinfüllen. Auf dem Backblech in den Backofen schieben.

Ober-/Unterhitze: etwa 180 °C (vorgeheizt)
Heißluft: etwa 160 °C (vorgeheizt)
Gas: etwa Stufe 3 (vorgeheizt)
Backzeit: etwa 20 Minuten.

5 Die Törtchen auf einem Kuchengitter abkühlen lassen.

6 Zum Verzieren Gelee unter Rühren erhitzen, die restlichen Kirschen darin glasieren und sofort auf die Törtchen setzen. Baiser zerbröseln und über die Törtchen streuen. Nach Belieben mit Pfefferminzblättchen verzieren.

Tipp: *Statt in Papierbackförmchen den Teig in 12 gefettete, gemehlte Muffinsförmchen füllen und auf den Rost in den Backofen schieben. Nach dem Backen 5 Minuten stehen lassen, dann erst aus den Förmchen lösen.*

Früchtetörtchen

(12 Stück)

Zutaten

Für den Teig:
175 g Butter oder Margarine
75 g Zucker
1 Pck. Vanillin-Zucker
3 Eier (Größe M)
175 g Weizenmehl
1 gestr. TL Backpulver
125 ml (⅛ l) Schlagsahne
50 g entkernte, getrocknete Datteln
50 g getrocknete Feigen
50 g Belegkirschen
50 g Rosinen
50 g Zitronat (Sukkade)

Zum Beträufeln:
3–4 EL Rum

Zum Aprikotieren:
1 EL Aprikosenkonfitüre
2 EL Wasser

evtl. zum Garnieren
Belegkirschen
Zitronat (Sukkadde)

Zubereitungszeit:
35 Minuten

Insgesamt:
E: 49 g, F: 205 g, Kh: 348 g, kJ: 15358, kcal: 3670

RAFFINIERT

1 Für den Teig Butter oder Margarine mit Handrührgerät mit Rührbesen schaumig rühren, nach und nach Zucker, Vanillin-Zucker und Eier hinzugeben. Mehl mit Backpulver mischen, sieben, portionsweise abwechselnd mit der Sahne unterrühren.

2 Zuletzt die in kleine Stücke geschnittenen Datteln, Feigen, Belegkirschen, Rosinen und Zitronat unterheben. Den Teig gleichmäßig in dreifach ineinandergestellte Papierbackförmchen verteilen, auf dem Backblech in den Backofen schieben.

Ober-/Unterhitze: 180–200 °C (vorgeheizt)
Heißluft: 160–180 °C (nicht vorgeheizt)
Gas: etwa Stufe 3 (vorgeheizt)
Backzeit: 25–30 Minuten.

3 Sofort nach dem Backen die Törtchen mehrmals mit einem Holzstäbchen einstechen und mit Rum beträufeln.

4 Zum Aprikotieren Konfitüre durch ein Sieb streichen, mit dem Wasser unter Rühren zum Kochen bringen, die Törtchen damit bestreichen. Die erkalteten Törtchen nach Belieben mit Belegkirschen und Sukkade (mit Hilfe von Party-Spießchen) garnieren.

Muffins & Waffeln

Quark-Muffins mit Trockenfrüchten

(12–16 Muffins oder Waffeln)

Zutaten

100 g Rosinen
150 g getrocknete Aprikosen (in sehr kleine Würfel geschnitten)
100 ml Apfelsaft
125 g Margarine oder Butter
6 EL Speiseöl
150 g Zucker
1 Pck. Vanillin-Zucker
5 Tropfen Butter-Vanille-Aroma
1 Prise Salz
2 Eier (Größe M)
250 g Speisequark
375 g Weizenmehl
1 Pck. Backpulver
5 EL Milch

30 g Puderzucker zum Bestäuben

Zubereitungszeit:
50 Minuten

Insgesamt:
E: 98 g, F: 225 g, Kh: 630 g
kJ: 21600, kcal: 5160

RAFFINIERT

1 Rosinen und Aprikosen in Apfelsaft etwa 30 Minuten einweichen.

2 Margarine oder Butter mit Handrührgerät mit Rührbesen auf höchster Stufe geschmeidig rühren. Nach und nach Speiseöl, Zucker, Vanillin-Zucker, Butter-Vanille-Aroma und Salz unterrühren, so lange rühren, bis eine gebundene Masse entstanden ist.

3 Eier nach und nach unterrühren (jedes Ei etwa ½ Minute). Speisequark unterrühren.Weizenmehl mit Backpulver mischen, sieben, abwechselnd portionsweise mit der Milch auf mittlerer Stufe unterrühren.

4 Die Trockenfrüchte vorsichtig auf mittlerer Stufe unter den Teig rühren, in gefettete Muffinsförmchen füllen und auf dem Rost in den Backofen schieben.

Ober-/Unterhitze: etwa 180 °C (vorgeheizt)
Heißluft: etwa 160 °C (nicht vorgeheizt)
Gas: Stufe 2–3 (nicht vorgeheizt)
Backzeit: etwa 30 Minuten.

5 Die erkalteten Muffins mit Puderzucker bestäuben.

Tipp: *Sie können auch Waffeln aus dem Teig backen, dann zusätzlich 125 ml (⅛ l) Milch hinzufügen..*

Apfel-Törtchen und -Waffeln

(Für 12 Törtchen oder 10 Waffeln)

Zutaten

Für den Teig:
200 g weiche Butter oder Margarine
75 g Zucker
1 Pck. Vanillin-Zucker
abgeriebene Schale von 1 Zitrone (unbehandelt)
3 Eier
250 g Weizenmehl
2 TL Backpulver
6 große EL Milch
2 mittelgroße Äpfel (300 g, z.B. Jonagold)
evtl. Puderzucker

Zum Backen:
etwa Speiseöl

Zubereitungszeit:
30 Minuten

Insgesamt:
E: 55 g, F: 191 g, Kh: 300 g
kJ: 13674, kcal: 3266

FÜR KINDER

1 Für den Teig Butter mit Zucker, Vanillin-Zucker und Zitronenschale mit Handrührgerät mit Rührbesen geschmeidig rühren. Nach und nach und Eier unterrühren (jedes Ei etwa ½ Minute).

2 Das Mehl mit dem Backpulver mischen, sieben, abwechselnd mit der Milch unterrühren. Die Äpfel schälen und fein raspeln, unterrühren.

3 Für Muffins den Teig in 12 gut gefettete Muffinsförmchen füllen und auf dem Rost in den Backofen schieben.

Ober-/Unterhitze: etwa 180 °C (vorgeheizt)
Heißluft: etwa 160 ° C (vorgeheizt)
Gas: Stufe 3–4 (vorgeheizt)
Backzeit: etwa 25 Minuten.

5 Für Waffeln das Waffeleisen vorheizen, leicht mit Öl einfetten. 2 Esslöffel Waffelteig auf die untere Seite geben, das Waffeleisen schließen, goldbraun backen. Nacheinander den restlichen Teig zu Waffeln backen. Falls die Waffeln zu dick sind, 75 ml Schlagsahne oder Milch unterrühren. Die Törtchen 5–10 Minuten stehen lassen, dann aus der Form lösen. Nach Belieben mit Puderzucker bestäuben.

Tipps: *Nehmen Sie zum Fetten des Waffeleisens keine Butter oder Margarine. Sie gehören zu den Bräunungsfetten, und die Waffeln würden zu schnell bräunen, ohne gar zu werden.*

Kürbis-Muffins und -Waffeln

(6 Muffins und 6–8 Waffeln)

Zutaten

Für den Teig:
150 g Maismehl
150 g Weizenmehl
½ Pck. Backpulver
100 g Farinzucker
1 Becher (150 g) Joghurt
2 EL Zitronensaft
3 Eier (Größe M)
100 ml Kürbiskernöl
1 Prise Salz
200 g geraspelter, frischer Kürbis

100 g Kürbis, in dünne Scheiben geschnitten
Puderzucker

150 ml Buttermilch für die Waffeln
Speckschwarte oder Speiseöl

Zubereitungszeit:
30 Minuten

Insgesamt:
E: 66 g, F: 133 g, Kh: 439 g, kJ: 13936, kcal: 3327

RAFFINIERT

1 Für den Teig Maismehl, Weizenmehl und Backpulver mischen, in eine Rührschüssel sieben. Farinzucker, Joghurt, Zitronensaft, Eier, Öl und Salz hinzufügen, mit Handrührgerät mit Knethaken zu einem glatten Teig verarbeiten. Gut ausgedrückte Kürbisraspel unterheben.

2 Die Hälfte des Teiges in 6 gefettete, gemehlte Muffinsförmchen verteilen. Aus den Kürbisscheiben Motive ausstechen, auf den Teig legen, mit Puderzucker bestäuben, auf den Rost in den Backofen stellen.

Ober-/Unterhitze: etwa 180 °C (vorgeheizt)
Heißluft: etwa 160 °C (nicht vorgeheizt)
Gas: etwa Stufe 3 (vorgeheizt)
Backzeit: etwa 25 Minuten.

3 Die Muffins 10 Minuten stehen lassen, dann aus den Förmchen lösen, erkalten lassen.

4 Unter den Rest des Teiges die Buttermilch rühren und 6–8 Waffeln daraus backen, dafür den Teig in nicht zu großen Portionen in ein gut erhitztes, mit Speckschwarte oder Speiseöl gefettetes Waffeleisen füllen. Die Waffeln goldbraun backen, einzeln auf einem Kuchenrost erkalten lassen.

Tipps: *Die Waffeln mit einem Chutney servieren.*
Die Muffins können auch mit Guss serviert werden. Für den Guss 100 g Puderzucker sieben, mit 1–2 Esslöffeln Wasser oder Zitronensaft zu einer dickflüssigen Masse verrühren. Die Muffins damit überziehen und mit 50 g Kürbisraspeln bestreuen. Die Muffins schmecken lauwarm am besten.

Nuss-Orangen-Muffins und -Waffeln

(8 Muffins und 8 Waffeln)

Zutaten

Für den Teig:
200 g gemahlene Haselnusskerne
200 g Butter oder Margarine
200 g Zucker
4 Eier (Größe M)
350 g Weizenmehl
50 g Speisestärke
½ Pck. Backpulver
2 Pck. Orangenfrucht (Finesse)
6–8 EL Orangensaft

125 ml (⅛ l) Orangensaft für die Waffeln
Speckschwarte oder Speiseöl

Zubereitungszeit:
40 Minuten

Insgesamt:
E: 108 g, F: 324 g, Kh: 723 g, kJ: 26949, kcal: 6438

FÜR GÄSTE – FÜR KINDER

1 Die Haselnusskerne in einer Pfanne ohne Fett oder auf einem Backblech rösten, abkühlen lassen.

2 Butter oder Margarine mit Handrührgerät mit Rührbesen auf höchster Stufe geschmeidig rühren. Nach und nach Zucker unterrühren, so lange rühren, bis eine gebundene Masse entstanden ist.

3 Eier nach und nach unterrühren (jedes Ei etwa ½ Minute). Mehl mit Speisestärke und Backpulver mischen, sieben, abwechselnd portionsweise auf mittlerer Stufe mit Orangenfrucht und -saft unterrühren. Nüsse unterheben.

4 Die Hälfte des Teiges in 8 mit Papierbackförmchen ausgelegte Muffinsförmchen geben und auf den Rost in den Backofen stellen.

Ober-/Unterhitze: etwa 180 °C (vorgeheizt)
Heißluft: etwa 160 °C (nicht vorgeheizt)
Gas: Stufe 3–4 (vorgeheizt)
Backzeit: 20–25 Minuten.

5 Die Muffinsform 10 Minuten stehen lassen, dann aus den Förmchen lösen, erkalten lassen.

6 Unter die andere Hälfte des Teiges den Orangensaft rühren. Je 2 Esslöffel von dem Teig in ein gut erhitztes, mit Speckschwarte oder Speiseöl gefettetes Waffeleisen geben und 8 goldgelbe Waffeln backen. Einzeln auf einem Kuchenrost erkalten lassen.

Tipp: *Preiselbeersahne zu den Waffeln reichen.*

Eierlikör-Muffins und -Waffeln

(6 Muffins und 6 Waffeln)

Zutaten

- 4 Eier (Größe M)
- 200 g Puderzucker
- 2 Pck. Vanillin-Zucker
- 200 ml Speiseöl
- 200 ml Eierlikör
- 100 g Weizenmehl
- 100 g Speisestärke
- 3 gestr. TL Backpulver
- Puderzucker zum Bestäuben

Zubereitungszeit:
35 Minuten

Insgesamt:
E: 51 g, F: 237 g, Kh: 448 g,
kJ: 19015, kcal: 4540

RAFFINIERT

1 Eier, Puderzucker und Vanillin-Zucker mit Handrührgerät mit Rührbesen auf höchster Stufe in 1 Minute schaumig schlagen.

2 Öl und Eierlikör unterrühren. Mehl, Speisestärke und Backpulver mischen, sieben, portionsweise auf mittlerer Stufe unterrühren.

3 Aus der Hälfte des Teiges etwa 6 Waffeln backen. Die andere Hälfte in 6 gefettete Muffinsförmchen geben, auf den Rost in den Backofen stellen.

Ober-/Unterhitze: etwa 180 °C (vorgeheizt)
Heißluft: etwa 160 °C (nicht vorgeheizt)
Gas: Stufe 3–4 (vorgeheizt)
Backzeit: etwa 25 Minuten.

4 Die Muffins 10 Minuten stehen lassen, dann aus den Förmchen lösen, erkalten lassen, mit Puderzucker bestäuben.

Tipp: *Die Muffins nach dem Backen mit aufgelöster Schokolade (weiß und Zartbitter) besprenkeln. Zu den Waffeln schmeckt eine Eierlikör-Sahne. Dazu 250 ml (¼ l) Sahne steif schlagen, 3 Esslöffel Eierlikör unterheben.*

Sand-Muffins und -Waffeln

(6 Muffins und 8 Waffeln)

1 Für den Teig Butter zerlassen, etwas bräunen, in eine Rührschüssel geben und fest werden lassen.

2 Die festgewordene Butter mit Zucker, Vanillin-Zucker und Salz mit Handrührgerät mit Rührbesen auf höchster Stufe schaumig rühren. Die Eier nach und nach unterrühren (jedes Ei etwa ½ Minute), Zitronenschale unterrühren.

3 Mehl mit Speisestärke und Backpulver mischen, sieben, portionsweise abwechselnd mit der Sahne auf mittlerer Stufe unterrühren.

4 Die Hälfte des Teiges in 6 gefettete Muffinsförmchen verteilen, auf den Rost in den Backofen stellen.

Ober-/Unterhitze: etwa 180 °C (vorgeheizt)
Heißluft: etwa 160 °C (nicht vorgeheizt)
Gas: Stufe 3–4 (vorgeheizt)
Backzeit: etwa 25 Minuten.

5 Die Muffins 10 Minuten stehen lassen, dann aus den Förmchen lösen, erkalten lassen.

6 Aus dem Rest des Teiges 8 Waffeln backen, dafür den Teig in nicht zu großen Portionen in ein gut erhitztes, mit Speckschwarte oder Speiseöl gefettetes Waffeleisen füllen. Die Waffeln goldbraun backen, einzeln auf einem Kuchenrost erkalten lassen.

7 Muffins und Waffeln mit Puderzucker bestäuben.

Tipp: *Nach Belieben können unter den Teig für die Muffins noch Mandelstifte gehoben werden. Dazu Preiselbeersahne reichen.*

Zutaten

150 g Butter
100 g Zucker
1 Pck. Vanillin-Zucker
1 Prise Salz
3 Eier (Größe M)
abgeriebene Schale von
½ Zitrone (unbehandelt)
200 g Weizenmehl
100 g Speisestärke
1 gestr. TL Backpulver
200 ml Schlagsahne

Speckschwarte oder Speiseöl
Puderzucker zum Bestäuben

Zubereitungszeit:
45 Minuten

Insgesamt:
E: 50 g, F: 207 g, Kh: 276 g,
kJ: 13727, kcal: 3280

FÜR GÄSTE

Marzipan-Sahne-Törtchen und -Waffeln

(10–12 Törtchen und 6–8 Waffeln)

Zutaten

100 g Marzipan-Rohmasse
150–200 g Butter oder Margarine
200 g Zucker
1 Pck. Geriebene Zitronenschale
4 Eier (Größe M)
350 g Weizenmehl
2 TL Backpulver
125 ml (⅛ l) Schlagsahne
evtl. gehackte Schokolade

Speckschwarte oder Speiseöl

Zubereitungszeit:
45 Minuten

Insgesamt:
E: 85 g, F: 268 g, Kh: 484 g, kJ: 20322, kcal: 4856

FÜR GÄSTE

1 Marzipan-Rohmasse mit Butter oder Margarine mit Handrührgerät mit Rührbesen auf höchster Stufe geschmeidig rühren. Zucker und Zitronenschale hinzufügen, so lange rühren, bis eine gebundene Masse entstanden ist.

2 Eier nach und nach (jedes Ei ½ Minute) unterrühren. Mehl und Backpulver mischen, sieben, abwechslend mit der Sahne in 2 Portionen unterrühren. Der Teig muß schwer-reißend vom Löffel fallen.

3 10–12 Muffinsförmchen mit Papierbackförmchen auslegen, je 1 Esslöffel Teig einfüllen. Nach Belieben mit gehackter Schokolade bestreuen. Die Form auf den Rost in den Backofen stellen.

Ober-/Unterhitze: etwa 180 °C (vorgeheizt)
Heißluft: etwa 160 °C (vorgeheizt)
Gas: Stufe 2–3 (vorgeheizt)
Backzeit: etwa 25 Minuten.

4 Die Törtchen mit den Papierbackförmchen aus den Vertiefungen nehmen, erkalten lassen.

5 Aus dem Teigrest 6–8 Waffeln backen, dafür den Teig in nicht zu großen Portionen in ein gut erhitztes, mit Speckschwarte oder Speiseöl gefettetes Waffeleisen füllen. Die Waffeln goldbraun backen, einzeln auf einem Kuchenrost erkalten lassen.

Tipps: *Die Törtchen und Waffeln mit Puderzucker bestäuben und heiße Kirschen mit Schlagsahne dazu servieren. Die Törtchen können auch mit Puderzuckerglasur und bunten Streuseln garniert werden.*

Pikante Muffins

Tomaten-Mozzarella-Muffins

(12 Stück)

Zutaten

125 g Mozzarella
100 g getrocknete Tomaten

250 g Weizenmehl
2 TL Backpulver
1 TL Natron
1 TL Salz
2 Eier (Größe M)
125 ml (⅛ l) Buttermilch
75 ml Olivenöl
1 EL gehackte Basilikumstreifen

Zubereitungszeit:
25 Minuten

Insgesamt:
E: 71 g, F: 166 g, Kh: 196 g, kJ: 11273, kcal: 2693

RAFFINIERT – ETWAS TEURER

1 Mozzarella abtropfen lassen. Mozzarella und Tomaten würfeln.

2 Mehl, Backpulver und Natron mischen, in eine Rührschüssel sieben. Salz, Eier, Buttermilch und Öl hinzufügen, mit Handrührgerät mit Knethaken zu einem glatten Teig verarbeiten.

3 Zum Schluß Basilikumstreifen, Mozzarella- und Tomatenwürfel unterheben.

4 Den Teig in 12 gefettete Muffinsförmchen geben, die Form auf den Rost in den Backofen stellen.

Ober-/Unterhitze: etwa 180 °C (vorgeheizt)
Heißluft: etwa 160 °C (nicht vorgeheizt)
Gas: etwa Stufe 3 (vorgeheizt)
Backzeit: etwa 25 Minuten.

5 Nach dem Backen die Muffins 10 Minuten stehen lassen, dann lösen und lauwarm servieren.

Tipp: *Die Muffins können auch tiefgefroren werden, 2 Stunden vor dem Verzehr auftauen und etwa 5 Minuten bei 180 °C aufbacken.*

Veränderung: *Statt der getrockneten Tomaten können auch kleingeschnittene schwarze Oliven verwendet werden.*

Muffins mit Schafskäse und Oliven

(12 Stück)

Zutaten

125 g Schafskäse
12 schwarze Oliven (ohne Stein)
250 g Weizenmehl
2 gestr. TL Backpulver
½ gestr. TL Natron
etwas Salz
2 Eier (Größe M)
75 ml Olivenöl
150 ml Milch
1 gestr. EL Oregano

Zubereitungszeit:
30 Minuten

E: 70 g, F: 160 g, Kh: 196 g, kJ: 11013, kcal: 2630

RAFFINIERT

1 Schafskäse fein würfeln. Oliven vierteln.

2 Mehl mit Backpulver und Natron mischen, in eine Rührschüssel sieben. Salz, Eier, Öl und Milch hinzufügen.

3 Mit Handrührgerät mit Knethaken zu einem glatten Teig verarbeiten. Zum Schluß Oregano, Schafskäse und Oliven unterheben.

4 Den Teig in 12 gefettete Muffinsförmchen geben, auf dem Rost in den Backofen schieben.

Ober-/Unterhitze: etwa 180 °C (vorgeheizt)
Heißluft: etwa 160 °C (nicht vorgeheizt)
Gas: etwa Stufe 3 (vorgeheizt)
Backzeit: etwa 25 Minuten.

5 Nach dem Backen die Muffins 10 Minuten in der Form stehen lassen, dann lösen und lauwarm servieren.

Tipp: *Gemischten Salat dazu servieren.*
Muffins vom Vortag nochmals bei 180 °C etwa 6 Minuten aufbacken.

Mais-Käse-Muffins

(12 Stück)

Zutaten

Für den Teig:

1 kleine Dose (140 g Abtropfgewicht) Gemüsemais
250 g Weizenmehl
1 Pck. Backpulver
½ TL Salz
125 g geriebener Parmesan
2 Eier (Größe M)
250 ml (¼ l) Milch
4 EL Sonnenblumenöl

Zubereitungszeit:
20 Minuten

Insgesamt:
E: 99 g, F: 107 g, Kh: 224 g, kJ: 9935, kcal: 2373

EINFACH

1 Maiskörner auf ein Sieb geben, gut abtropfen lassen.

2 Für den Teig Mehl mit Backpulver mischen, in eine Rührschüssel sieben. Salz, Parmesan, Eier, Milch und Öl hinzufügen. Mit Handrührgerät mit Knethaken zu einem glatten Teig verarbeiten. Die Maiskörner unterheben.

3 Den Teig in 12 gefettete, gemehlte Muffinsförmchen geben und auf den Rost in den Backofen stellen.

Ober-/Unterhitze: 180–200 °C (vorgeheizt)
Heißluft: 160–180 °C (nicht vorgeheizt)
Gas: Stufe 3–4 (vorgeheizt)
Backzeit: etwa 25 Minuten.

4 Die Muffins 10 Minuten stehen lassen, dann aus den Förmchen lösen, lauwarm verzehren.

Tipp: *Kräuter-Crème fraîche zu den lauwarmen Muffins reichen. Muffins können auch eingefroren werden, vor dem Verzehr 1–2 Stunden auftauen lassen und etwa 5 Minuten bei 180 °C aufbacken, evtl. vorher mit etwas Käse bestreuen.*

Veränderung: *Statt der Maiskörner 1 kleine, in feine Würfel geschnittene Paprikaschote unter den Teig rühren oder statt des Parmesans 80 g geriebenen mittelalten Gouda verwenden.*

Käse-Schinken-Muffins

(Foto – 12 Stück)

Zutaten

- 200 g Weizenmehl
- 3 gestr. TL Backpulver
- 150 g geraspelter Emmentaler
- 3 Eier (Größe M)
- 200 ml Milch
- 100 g in Streifen geschnittener Schinken
- 100 g gedünstete Champignons
- Salz, Pfeffer

Zubereitungszeit:
20 Minuten

Insgesamt:
E: 116 g, F: 87 g, Kh: 164 g
kJ: 8470, kcal: 2022

FÜR GÄSTE

1 Alle Zutaten in eine Rührschüssel geben, mit Handrührgerät mit Knethaken zu einem Teig verarbeiten.

2 Den Teig in die Muffinsförmchen füllen (12 Stück) und auf dem Rost in den Backofen schieben.

Ober-/Unterhitze: etwa 180 °C (vorgeheizt)
Heißluft: etwa 160 °C (nicht vorgeheizt)
Gas: Stufe 2–3 (vorgeheizt)
Backzeit: 20–25 Minuten.

3 Die Muffins 10 Minuten stehen lassen, dann aus den Förmchen lösen und lauwarm servieren.

Tipp: *Statt des Schinkens ½ geputzte, in Würfel geschnittene Paprikaschote unterheben. Die Muffins schmecken lauwarm am besten oder sollten kurz wieder aufgebacken werden.*

Parmesan-Muffins

(12 Stück)

Zutaten

- 250 g Weizenmehl
- 2 gestr. TL Backpulver
- ½ gestr. TL Natron
- 1 gestr. TL Salz
- 100 g geriebener Parmesan
- 2 Eier (Größe M)
- 250 ml (¼ l) Milch

Zubereitungszeit:
20 Minuten

Insgesamt:
E: 86 g, F: 51 g, Kh: 200 g
kJ: 7115, kcal: 1699

EINFACH

1 Mehl, Backpulver und Natron mischen, in eine Rührschüssel sieben. Mit den übrigen Zutaten mit Handrührgerät mit Knethaken zu einem glatten Teig verarbeiten.

2 Den Teig in 12 gefettete Muffinsförmchen verteilen, auf dem Rost in den Backofen stellen.

Ober-/Unterhitze: etwa 180 °C (vorgeheizt)
Heißluft: etwa 160 °C (nicht vorgeheizt)
Gas: Stufe 3–4 (vorgeheizt)
Backzeit: 25–30 Minuten.

3 Die Muffins 10 Minuten stehen lassen, dann aus den Förmchen lösen und lauwarm servieren.

Tipp: *Muffins vom Vortag kurz bei 180 °C wieder aufbacken. Muffins schmecken gut zu mariniertem, eingelegtem Gemüse.*

Kräuter-Ingwer-Muffins

(12 Stück)

Zutaten

1 walnussgroßes Stück Ingwerknolle (etwa 25 g)
½ Topf Thymian oder 2 TL getrockneter Thymian
350 g Weizenmehl
1 Pck. Backpulver
1 TL Salz
30 g Zucker
2 Eier (Größe M)
250 ml (¼ l) Milch
6 EL Speiseöl

36 bunte Papierbackförmchen

Zubereitungszeit:
25 Minuten

Insgesamt:
E: 62 g, F: 98 g, Kh: 303 g, kJ: 10285, kcal: 2456

RAFFINIERT

1 Ingwer schälen und fein würfeln. Frischen Thymian waschen, trockentupfen und hacken.

2 Mehl und Backpulver mischen, in eine Rührschüssel sieben. Salz, Zucker, Eier, Milch, Öl, Ingwer und Thymian hinzufügen und mit Handrührgerät mit Knethaken zu einem glatten Teig verarbeiten.

3 Jeweils 3 Backförmchen ineinandersetzen und zu ⅔ mit Teig füllen, auf dem Backblech in den Backofen schieben.

Ober-/Unterhitze: etwa 180 °C (vorgeheizt)
Heißluft: etwa 160 °C (nicht vorgeheizt)
Gas: Stufe 3–4 (vorgeheizt)
Backzeit: etwa 25 Minuten.

4 Die Muffins lauwarm servieren.

Tipps: *Teig in 12 gefettete Muffinsförmchen füllen, auf dem Rost im Backofen backen. Nach dem Backen die Muffins 10 Minuten stehen lassen, dann aus den Förmchen lösen. Kräuter-Ingwer-Muffins schmecken frisch mit Butter am besten.*

Basilikum
Thymian

Dinkel-Muffins mit Salami

(12 Stück)

Zutaten

150 g Salami
1 Bund glatte Petersilie
200 g Dinkelmehl
100 g Weizenmehl
2 gestr. TL Backpulver
½ gestr. TL Natron
½ gestr. TL Salz
2 Eier (Größe M)
250 ml (¼ l) Buttermilch
5 EL Olivenöl

Zubereitungszeit:
25 Minuten

Insgesamt:
E: 101 g, F: 130 g, Kh: 233 g, kJ: 11048, kcal: 2639

EINFACH

1 Salami in kleine Würfel schneiden. Petersilie waschen, trockentupfen, fein schneiden.

2 Mehl, Backpulver und Natron mischen, in eine Rührschüssel sieben. Die übrigen Zutaten hinzufügen, mit Handrührgerät mit Knethaken zu einem glatten Teig verarbeiten.

3 Salamiwürfel und Petersilie unterheben. Den Teig in 12 gefettete Muffinsförmchen füllen. Auf dem Rost in den Backofen schieben.

Ober-/Unterhitze: etwa 180 °C (vorgeheizt)
Heißluft: etwa 160 °C (nicht vorgeheizt)
Gas: etwa Stufe 3 (vorgeheizt)
Backzeit: 25–30 Minuten.

4 Die Muffins 10 Minuten stehen lassen, dann aus den Förmchen lösen.

Tipp: *Die Muffins schmecken lauwarm, mit einer Tomatensauce, am besten.*

Veränderung: *Die Muffins aufschneiden und mit Tomaten- und Gurkenscheiben belegen. Oder die Muffins in 36 kleine Förmchen füllen und etwa 15 Minuten backen. Dann als Fingerfood servieren.*

Frischkäse-Muffins

(12 Stück)

Zutaten

250 g Weizenmehl
3 gestr. TL Backpulver
½ gestr. TL Natron
150 g Frischkäse
1 TL Salz
je ½ TL Pfeffer und Paprika edelsüß
2 Eier (Größe M)
5 EL Speiseöl
250 ml (¼ l) Milch
2 EL frisch gehackte Kräuter, z.B. Petersilie, Schnittlauch

Zubereitungszeit:
20 Minuten

Insgesamt:
E: 67 g, F: 101 g, Kh: 204 g, kJ: 8800, kcal: 2102

RAFFINIERT

1 Mehl, Backpulver und Natron mischen, in eine Rührschüssel sieben. Frischkäse, Salz, Pfeffer, Paprika, Eier, Öl und Milch hinzufügen, mit Handrührgerät mit Knethaken zu einem glatten Teig verarbeiten. Zuletzt die Kräuter unterarbeiten.

2 Den Teig in 12 gefettete Muffinsförmchen verteilen, auf dem Rost in den Backofen stellen.

Ober-/Unterhitze: etwa 180 °C (vorgeheizt)
Heißluft: etwa 160 °C (nicht vorgeheizt)
Gas: Stufe 3–4 (vorgeheizt)
Backzeit: 25–30 Minuten.

3 Die Muffins 10 Minuten stehen lassen, dann aus den Förmchen lösen.

Tipp: *Die Muffins quer halbieren, mit Tomatenscheiben und Zwiebeln belegen und etwa 5 Minuten bei 180 °C im Backofen aufbacken.*

Quark-Käse-Muffins

(12 Stück)

Zutaten

125 g Castello-Bleu-Käse
250 g Weizenmehl
3 gestr. TL Backpulver
1 gestr. TL Salz
125 g Magerquark
150 ml Milch
75 ml Speiseöl
2 Eier (Größe M)

1 Den Käse in 12 gleich große Würfel schneiden.

2 Mehl mit Backpulver mischen, in eine Rührschüssel sieben. Die übrigen Zutaten hinzufügen, mit Handrührgerät mit Knethaken zu einem glatten Teig verarbeiten.

3 Den Teig in 12 gefettete Muffinsförmchen verteilen, jeweils 1 Stück Käse hineindrücken.

4 Die Muffinsform auf den Rost in den Backofen stellen.

Ober-/Unterhitze: etwa 180 °C (vorgeheizt)
Heißluft: etwa 160 °C (nicht vorgeheizt)
Gas: Stufe 3–4 (vorgeheizt)
Backzeit: etwa 25 Minuten.

5 Die Muffins 10 Minuten stehen lassen, dann aus den Förmchen lösen und lauwarm servieren.

Tipp: *Dazu frischen Blattspinat servieren. Die Muffins lassen sich auch mit jedem anderen Käse zubereiten, z.B. mit Höhlenkäse oder frischem Gouda. Diese Muffins lassen sich auch gut wieder aufbacken (etwa 8 Minuten bei 180 °C).*

Zubereitungszeit:
15 Minuten

Insgesamt:
E: 90 g, F: 132 g, Kh: 200 g,
kJ: 10374, kcal: 2477

EINFACH

Lachs-Meerrettich-Muffins

(12 Stück)

1 Lachs in dünne Streifen schneiden. Frischen Meerrettich schälen und fein reiben.

2 Mehl mit Backpulver und Natron mischen, in eine Rührschüssel geben. Eier, Salz, Crème double, Milch und Öl hinzufügen. Mit Handrührgerät mit Knethaken zu einem glatten Teig verarbeiten.

3 Lachsstreifen, Meerrettich und Dill unterarbeiten. Den Teig in 12 gefettete Muffinsförmchen füllen, auf den Rost in den Backofen stellen.

Ober-/Unterhitze: etwa 180 °C (vorgeheizt)
Heißluft: etwa 160 °C (nicht vorgeheizt)
Gas: Stufe 3–4 (vorgeheizt)
Backzeit: etwa 25 Minuten.

4 Muffins 10 Minuten stehen lassen, dann aus den Förmchen lösen.

Tipp: *Dazu Sahnemeerrettich reichen, die Muffins dazu aufschneiden und mit dem Sahnemeerrettich bestreichen. Muffins vom Vortag etwa 10 Minuten bei 180 °C wieder aufbacken.*

Zutaten

125 g Räucherlachs
2 geh. TL Meerrettich (aus dem Glas) oder 1 geh. TL frischer Meerrettich
250 g Weizenmehl
50 g Weizen-Vollkornmehl
2 gestr. TL Backpulver
1 gestr. TL Natron
2 Eier (Größe M)
1 Prise Salz
1 Becher (125 g) Crème double
100 ml Milch
3 EL Speiseöl
1 EL gehackter Dill

Zubereitungszeit:
25 Minuten

Insgesamt:
E: 80 g, F: 127 g, Kh: 228 g,
kJ: 10370, kcal: 2479

FÜR GÄSTE

Camembert-Preiselbeer-Muffins

(12 Stück)

Zutaten

- 75 g Preiselbeeren (aus dem Glas)
- 150 g Camembert
- 200 g Weizenmehl
- 50 g Dinkelmehl
- 2 gestr. TL Backpulver
- ½ TL Natron
- 1 Becher (150 g) Natur-Joghurt
- 2 Eier (Größe M)
- 50 ml Speiseöl

Zubereitungszeit:
25 Minuten

Insgesamt:
E: 73 g, F: 120 g, Kh: 202 g, kJ: 9583, kcal: 2290

FÜR GÄSTE

1 Preiselbeeren auf ein Sieb geben, gut abtropfen lassen. Camembert in sehr kleine Würfel schneiden.

2 Mehl mit Backpulver und Natron mischen, in eine Rührschüssel sieben. Joghurt, Eier und Öl hinzufügen, mit Handrührgerät mit Knethaken zu einem glatten Teig verarbeiten.

3 Preiselbeeren und Camembert unterrühren. Den Teig in 12 dreifach ineinandergesteckte Papierbackförmchen oder in 12 gefettete, gemehlte Muffinsförmchen verteilen.

4 Auf ein Backblech bzw. Rost stellen und in den Backofen schieben.

Ober-/Unterhitze: etwa 180 °C (vorgeheizt)
Heißluft: etwa 160 °C (nicht vorgeheizt)
Gas: etwa Stufe 3 (vorgeheizt)
Backzeit: etwa 25 Minuten.

5 Muffins in den Förmchen 10 Minuten stehen lassen, dann herausnehmen.

Tipp: *Muffins schmecken lauwarm, mit Crème fraîche serviert, am besten. Man kann sie auch kurz vor dem Servieren noch einmal aufbacken.*

Käse-Muffins

(12 Stück)

Zutaten

250 g Weizenmehl
3 gestr. TL Backpulver
250 g geriebener Käse, z. B. mittelalter Gouda
4 Eier (Größe M)
Salz
Paprikapulver edelsüß
300 g saure Sahne

Zubereitungszeit:
25 Minuten

Insgesamt:
E: 125 g, F: 131 g, Kh: 201 g
kJ: 11052, kcal: 2643

KLASSISCH

1 Mehl und Backpulver mischen, in eine Schüssel sieben. Käse, Eier, Salz, Paprika edelsüß und saure Sahne hineingeben, mit Handrührgerät mit Knethaken zu einer glatten Masse verrühren.

2 Für Muffins den Teig in gut gefettete Muffinsfömchen füllen und auf dem Rost in den Backofen schieben.

Ober-/Unterhitze: etwa 180 °C (vorgeheizt)
Heißluft: etwa 160 ° C (vorgeheizt)
Gas: etwa Stufe 3 (vorgeheizt)
Backzeit: etwa 25 Minuten.

Tipp: *Für Waffeln den Teig in nicht zu großen Portionen in ein gut erhitztes, gefettetes Waffeleisen füllen, die Waffeln goldbraun backen. Einzeln auf einem Kuchenrost etwas erkalten lassen, bis alle Waffeln fertig gebacken sind. Die Waffeln schmecken lauwarm am besten, evtl. im Toaster aufbacken. Kräuterquark oder Kräuter-Crème-fraîche dazu servieren. Zum Fetten des Waffeleisens verwenden Sie am besten Speckschwarte oder Speiseöl. Am besten schmeckt sowohl zu den Waffeln als auch zu den Muffins ein frischer Salat, z. B. Tomatensalat.*

Möhren-Koriander-Muffins

(12 Stück)

Zutaten

Für die Kräuterbutter:
125 g weiche Butter
1 rote Chilischote
½ Bund Koriander
1 Limette
etwas Salz

Für die Muffins:
350 g Möhren
1 Bund Koriander
200 g Weizenmehl
25 g kernige Haferflocken, z.B. von Kölln
25 g blütenzarte Haferflocken, z.B. von Kölln
2 gestr. TL Backpulver
1 Msp. Natron
2 Msp. gemahlener Koriander
½ TL Salz
50 g zerlassene Butter
2 Eier (Größe M)
125 ml (⅛ l) Buttermilch

Zubereitungszeit:
35 Minuten

Insgesamt:
E: 55 g, F: 167 g, Kh: 207 g, kJ: 11187, kcal: 2674

DAUERT LÄNGER

1 Für die Kräuterbutter Butter gut verrühren. Chilischote putzen, entkernen. Chili und Koriandergrün fein hacken. Limette waschen, Schale dünn abreiben, Saft auspressen. Die Butter mit den Zutaten vermengen, mit Salz abschmecken. Die Masse in Alufolie rollen und kalt stellen.

2 Für die Muffins Möhren putzen, schälen, waschen und grob reiben, gut ausdrücken. Koriander waschen, trockentupfen, fein schneiden.

3 Mehl, Haferflocken, Backpulver, Natron, Koriander und Salz vermengen. Zerlassene Butter, Eier und Buttermilch mit Handrührgerät mit Knethaken zu einer Masse verrühren. Möhren, Koriander und die Mehl-Haferflocken-Mischung darübergeben und locker unterheben.

4 Den Teig in 12 gefettete, evtl. gemehlte Muffinsförmchen verteilen, auf dem Rost in den Backofen stellen.

Ober-/Unterhitze: etwa 200 °C (vorgeheizt)
Heißluft: etwa 180 °C (nicht vorgeheizt)
Gas: etwa Stufe 3 (vorgeheizt)
Backzeit: etwa 30 Minuten.

5 Die Muffins 10 Minuten stehen lassen, mit einem Messer am Rand lösen und aus den Förmchen lösen, erkalten lassen und mit der Kräuterbutter servieren.

Tipp: *Die Muffins einfrieren, vor dem Verzehr zugedeckt etwa 1 Stunde auftauen lassen und 10 Minuten bei 180 °C aufbacken, lauwarm servieren. Anstelle des frischen Korianders können Sie auch glatte Petersilie verwenden.*

Ratgeber

Muffins stammen ursprünglich aus England, dort waren es einfache Gebäcke aus Hefeteig, die mit Orangen-Marmelade und Butter serviert wurden. Heute sind die Amerikanischen Muffins bekannter. Sie werden aus einem sogenannten All-in-Teig zubereitet, d.h. alle Zutaten kommen zusammen in die Rührschüssel und werden vermischt. Amerikanische Muffins werden zum Frühstück, aber auch den ganzen Tag über als süßer Snack, serviert. Die bekanntesten sind Heidelbeer-Muffins, Schokoladen-Muffins und Apfel-Zimt-Muffins.

Muffinsbleche

Muffinsbleche gibt es in unterschiedlichen Größen und Materialien.
Üblich in Deutschland sind Bleche in Standardgröße mit 12 oder 6 Vertiefungen oder Minimuffinsformen mit 12 oder 24 Vertiefungen. In Amerika gibt es zusätzlich eine Riesenmuffinsform mit 6 Vertiefungen.
Wer kleine Muffins backen möchte, z.B. pikante zu einem Sektempfang oder süße als Dessert in einer Desssertvariation, kann die Masse in kleinen Muffinsformen backen, aus der Menge für eine normale Muffinsform kann man drei kleine backen.
Das Material ist Weißblech, Schwarzblech und beschichte Materialien. Aus den beschichteten Formen lösen sich die Muffins am besten.
Wer die Muffinsform nicht spülen möchte, kann Papierbackförmchen in die Vertiefungen hineinsetzen. In diesem Fall muß die Form auch nicht gefettet werden.

Muffinsteig

Das Geheimnis lockerer und saftiger Muffins liegt darin, dass das Mehl und die übrigen Zutaten möglichst schnell vermischt werden. Durch zu langes Rühren wird der Teig klebrig.
Der Teig kann auch ohne Handrührgerät einfach und schnell mit Schneebesen oder Rührlöffel zusammengerührt werden. Natron eignet sich besonders gut als Treibmittel bei schweren Mehlsorten oder bei sehr vielen Zutaten. Meist wird jedoch eine Mischung aus Backpulver und Natron verwendet.
Die Muffins können auch mit Vollkornmehl zubereitet werden, dann erhöht sich die Flüssigkeitsmenge jedoch um etwa 20 %.

Ratgeber

Garprobe

Mit einem Holzstäbchen kann man prüfen, ob die Muffins gar sind. Ist kein Teig mehr daran, wenn man ihn aus dem Gebäck zieht, sind die Muffins gar. Sie können die Muffins auch vorsichtig mit dem Finger eindrücken, bewahren die ihre Form, sind sie gar.

Bevor man die Muffins aus den Förmchen löst, sollte man sie 5–10 Minuten im Blech stehen lassen. Dann lassen sie sich leichter aus dem Blech lösen.

Dekorieren

Einfache Muffins lassen sich, z. B. für einen Kindergeburtstag, mit Guss und allerlei Süßigkeiten vielfältig verzieren. Dabei kann man seiner Fantasie freien Lauf lassen. Sehr gut kann man aus den Muffins Menschen- und Tiergesichter, z. B. Mohrenköpfe oder Schweinsgesichter, oder Tiere, z. B. Schmetterlinge oder Marienkäfer zaubern. Aber auch einen kleinen Gruß können sie gut auf die Muffins schreiben und mit Liebesperlen, Silberperlen und kleinen Kerzen verzieren.

Aufbewahren und Einfrieren

Muffins schmecken am besten lauwarm, frisch aus dem Backofen.

Da Muffins sehr feucht sind, halten sich die süßen 2–4 Tage frisch. Das beste ist jedoch, Sie frieren salzige und süße Muffins ein und backen sie nach dem Auftauen etwa 5 Minuten bei 200 °C auf.

Auch der rohe Muffinsteig läßt sich gut einfrieren. Füllen Sie ihn in kleine Papierförmchen im Muffinsblech und frieren Sie ihn 1–2 Stunden, je nach Leistungsfähigkeit Ihres Tiefkühlgerätes, ein. Dann verpacken Sie die gefrorenen Teigstücke luftdicht in Gefrierdosen oder -beuteln. So können Sie auch verschiedene Muffins zu einem Termin servieren. Zum Auftauen die Teigstücke in den kalten Backofen schieben und bei der im Rezept angegebenen Temperatur, aber mit 5–10 Minuten längerer Backzeit backen.

Kapitelregister

Muffins mit Schokolade & Nüssen

Muffins mit Früchten

Kapitelregister

Muffins & Waffeln

Pikante Muffins

Alphabetisches Register

Alphabetisches Register

Umwelthinweis — Dieses Buch und der Einband wurden auf chlorfrei gebleichtem Papier gedruckt. Die Einschrumpffolie – zum Schutz vor Verschmutzung – ist aus umweltverträglichem und recyclingfähigem PE-Material.

Wenn Sie Anregungen, Vorschläge oder Fragen zu unseren Büchern haben, rufen Sie uns unter folgender Nummer an: (0521) 52 06 50 oder schreiben Sie uns. Wir antworten umgehend:
Ceres Verlag, Rudolf August Oetker KG, Redaktion,
Am Bach 11, 33602 Bielefeld

Bitte beachten Sie bei Gasherden die Gebrauchsanleitung des Herstellers.

Die Schreibweise in diesem Buch entspricht den Regeln der neuen Rechtschreibung.

Wir danken für die freundliche Unterstützung — California Walnut Commission, ipr,
idee Public relations, Hamburg
CMA-Butterschmalz, Gabriele Fiedler PR, Hamburg
Ketchum PR, München
Köllnflocken, Elmshorn

Redaktion — Carola Reich

Fotos
Titelfoto — Thomas Diercks, Hamburg

Innenfotos — Thomas Diercks, Hamburg
Brigitte Wegner, Bielefeld
Kramp & Gölling, Hamburg
Bernd Lippert, Bielefeld
Arnold Zabert, Hamburg
Norbert Toelle, Bielefeld

Rezeptentwicklung — Mechthild Plogmaker, Bielefeld

Rezeptentwicklung und -beratung — Heide Hagendorf, Bad Rothenfelde

Grafisches Konzept — Björn Carstensen, Hamburg
Gestaltung — Kontur Design, Bielefeld
Titelgestaltung — Kontur-Design, Bielefeld

Reproduktionen — Kruse Reproduktionen, Vreden
Satz — Typografika, Bielefeld
Druck und Bindung — Mohndruck Graphische Betriebe GmbH, Gütersloh

ISBN 3-7670-0233-7